Charlie Chaplin

Charlie Chaplin

Charlie Chaplin

mit Selbstzeugnissen und Bilddokumenten
dargestellt von Wolfram Tichy

Große Persönlichkeiten

Für Kevin Brownlow,
dessen »Parade« die Stummfilme
einer neuen Generation wiedergab
und ohne dessen ansteckenden Enthusiasmus
dieses Buch nie geschrieben worden wäre

Lizenzausgabe mit Genehmigung
der Rowohlt Taschenbuch Verlag GmbH, Reinbek bei Hamburg
für die Bertelsmann Club GmbH, Gütersloh
die EBG Verlags GmbH, Kornwestheim
die Deutsche Buch-Gemeinschaft
C. A. Koch's Verlag Nachf. GmbH, Gütersloh
die Buchgemeinschaft Donauland Kremayr & Scheriau, Wien
die Deutsche Buch-Gemeinschaft
C. A. Koch's Verlag Nachf., Wien
und die Buch- und Schallplattenfreunde GmbH, Zug/Schweiz

Den Anhang besorgte der Autor
Herausgeber: Kurt Kusenberg
Redaktion: Beate Möhring
Schlußredaktion: K. A. Eberle
Schutzumschlag- und Einbandgestaltung: Manfred Waller
Umschlagfoto: Chaplin Archiv Wilhelm Staudinger
Gesamtherstellung: Mohndruck
Graphische Betriebe GmbH, Gütersloh
Printed in Germany · Buch-Nr. 03071 8

Inhalt

Charlie Chaplin
in seinem Film
»A King
in New York«

Vorwort

Über keinen Filmkünstler ist auch nur annähernd so viel geschrieben worden wie über Charles Chaplin, der es nahezu im Alleingang ermöglichte, daß der komische Film und seine Schöpfer im Wortsinne salonfähig wurden. Bereits 1926 versuchte Alfred Polgar, sich der einander hochschaukelnden Elogen zu erwehren: »Über Chaplins Wesen und Wirkung las ich sehr viele geistreiche Erklärungen. Auf seinem blühenden Ruhm sitzen die Schwärme der Literaten und lassen ihre Rüssel spielen.

So erfuhr man, daß Chaplin ein Anwalt der Unterdrückten sei, ein Spieler sozialer Absichten, ein symbolhafter Kämpfer wider die Tücken des Objekts, ein Protestler wider die Welt-Ungerechtigkeit. Man erfuhr von dem ethischen Prinzip, das er mit seinen übergroßen, vertretenen Schuhen vertrete, und von der tiefen Philosophie seines o-beinigen Watschelganges. Aber all die trübe literarische Tunke wird uns den kostbaren Bissen nicht verekeln.

An Chaplins quellkalter, elementarer, absoluter Komik scheitern die Mühen der Nachdenklichen, den liebenswerten Mann zu sentimentalisieren. Es ist nicht wahr, daß er als Heiland herumhatscht …

Ich vermisse unter den pathetischen Kommentaren zu Chaplin die schlichte Feststellung, daß er ein großer Komiker ist, das heißt: ein Befreier, ein Lockerer der moralischen, logischen und mechanischen Zusammenhänge, in die der sogenannte ernste Mensch sich heillos verstrickt weiß.«[1*]

* Die hochgestellten Ziffern verweisen auf die Anmerkungen S. 197 ff.

Sein Bemühen war, wie man weiß, vergeblich. Keine Monographie, gleich welchen Umfangs, kann dem Chaplin der Interpreten gerecht werden. Drei Beispiele mögen hier genügen, das Ausmaß dieser Verirrung zu verdeutlichen:
Élie Faure: »Er hüpft von einem Fuß auf den anderen – es sind traurige und absurde Füße –, und so stellt er die beiden Pole des Denkens dar; der eine heißt Gewissen, der andere Sehnsucht. Indem er von einem Fuß auf den anderen springt, sucht er das geistige Gleichgewicht, und wenn er es für einen Augenblick gefunden hat, verliert er es gleich darauf wieder.«[2]
Walter Hasenclever: »Ein heiliger Franziskus vom Broadway ... ein homerischer Held des 20. Jahrhunderts, der den entgötterten Himmel bewohnt ... Cervantes und Shakespeare haben ihn geboren ... ein Don Quixote ... ein ewiger Narr in Christo ... Ja, wer weiß, wenn Jesus und Mohammed noch einmal diese, ach so friedliche Erde besuchten, sie würden vielleicht in Charlies Gestalt auf dem Pazifistenkongreß erscheinen.«[3]
Die Krone aber gehört Carlo Rim, dem damaligen Präsidenten der französischen Gesellschaft der Autoren und Komponisten, der seinen Gast anläßlich eines Banketts mit den Worten pries: »Nur zwei Männer in der Geschichte sind ihm gleich: Christus und Napoleon. Sein Ruhm überstrahlt den von Jeanne d'Arc, Ludwig XIV. und Clemenceau ...«[4]
Bücher wurden geschrieben, in denen etwa versucht wurde, zu beweisen, daß der Bloom in James Joyces »Ulysses« tatsächlich Charlie sei[5], und Artikel, in denen Karl, der Held aus Franz Kafkas »Amerika« und Charlie zu »Helden eines identischen internationalen Mythos«[6] werden. Dies wird unter anderem mit der Tatsache belegt, daß beide nach Amerika einwanderten, daß Karls Onkel bei seinem ersten Auftritt ein

Bambusstöckchen trägt und daß beide vergeblich ihr Geld in ihrer Kleidung suchen, als der Kellner die Rechnung bringt.
Eine Studie, die nach alldem es noch unternimmt, neue Interpretationen zu bringen oder an dem existierenden Mythos angesichts der Tatsache weiterzustricken, daß es gerade dieser Mythos ist, der während der letzten zwanzig Jahre Chaplin zugunsten etwa von Buster Keaton oder anderen Komikern einer Generation von Filmfreunden entfremdete, wäre sehr problematisch. Ich möchte daher versuchen, dem Komiker Chaplin gerecht zu werden. An Hand seiner frühen Filme soll die Entwicklung des Tramps beschrieben werden, die bereits in dieser Periode ihren Abschluß fand. Bei den späteren vielbeschriebenen Hauptwerken möchte ich unter Verweis auf die existierende Literatur auf eine eingehende Interpretation verzichten und nur einige Aspekte andeuten, die für die Entwicklung Chaplins wichtig oder die bisher etwas zu kurz gekommen sind. Vor allem aber will diese Monographie versuchen, eine Brücke zurück zu den Filmen selbst zu schlagen, denn allein sie sind es, die bei einer Betrachtung des Filmkomikers Charles Chaplin eine Rolle spielen sollten.

Das Kind

Als Charles Spencer Chaplin am 16. April 1889 geboren wurde, waren seine Eltern noch sehr erfolgreiche Sänger im englichen Varieté. Sein Vater Charles, von dem er später nicht einmal mehr wußte, ob er je mit seiner Familie zusammen gewohnt habe, galt als sehr guter Bariton, spielte Cello und hatte mit satirischen Liedern und Schlagern genug Erfolg, um einen Musikverlag zu bewegen, mit seinem Foto auf der Titelseite Noten von Songs zu verkaufen. Seine Mutter Hannah, geb. Hill, die Tochter eines Schusters, hatte sich mit sechzehn Jahren einer Theatergruppe angeschlossen, wo sie sehr bald Erfolg hatte. Weniger als ein Jahr danach spielte sie bereits die Hauptrolle in einem Melodram mit dem Titel »Shamus O'Brien«, in dem auch Chaplins Vater auftrat. Nach kurzem Zusammenleben trennten sich die beiden wieder; die Mutter fuhr mit einem anderen Mann nach Afrika. Die darauf folgenden Jahre sind kaum mehr zu rekonstruieren, weil Chaplins Autobiographie nur von der Geburt seines Bruders Sydney, bei der die Mutter achtzehn Jahre alt gewesen sein soll, berichtet, jedoch unterschlägt, daß sie in der Zwischenzeit bereits zwei Söhne hatte, nämlich Guy und Wheeler Dryden, die von ihrem Vater erzogen wurden. Sydney, nach Theodore Huff der Sohn eines jüdischen Buchmachers namens Sidney Hawkes, hingegen blieb bei seiner Mutter und erhielt, als sie ihre Freundschaft mit Charles Chaplin erneuerte und ihn 1886 heiratete, dessen Namen. Zum Zeitpunkt der Geburt ihres vierten Kindes

zog die Mutter unter dem Künstlernamen Lily Harley als Imitatorin, Tänzerin und Sängerin frecher Couplets durch die englischen Music Halls. Sie hatte zwar einen recht guten Erfolg, mehr und mehr aber bekam sie Schwierigkeiten mit ihrer ohnehin nicht sehr kräftigen Stimme. Da sie sehr bald darauf angewiesen war, den Unterhalt für ihre Familie allein zu bestreiten, konnte sie es sich nicht leisten, wegen einer Indisposition abzusagen. Nur gelegentlich nämlich schickte der Vater Unterhaltszahlungen. *Sein Unglück war, daß er zuviel trank, was, wie die Mutter sagte, Ursache ihrer Trennung war.*

Damals war es für einen Vaudevillekünstler schwierig, nicht zu trinken, denn in allen Theatern wurde Alkohol verkauft, und man erwartete von ihm, daß er nach seinem Auftreten an der Bar des Theaters mit den Besuchern trank … So wurde mancher Künstler durch den Alkohol ruiniert – und mein Vater war einer davon. Mit 37 Jahren starb er an akutem Alkoholismus.[7]

Lily Harleys Stimme wurde durch den ständigen Mißbrauch immer schlechter, und immer häufiger geschah es, daß sie während eines Auftritts ins Falsett umschlug oder ganz wegblieb. Deshalb erhielt sie immer geringere Engagements. Als Charles fünf Jahre alt war, kam es zu seinem ersten Bühnenauftritt; die Stimme seiner Mutter war wieder einmal ausgefallen, worauf der Direktor, der wußte, daß der kleine Charles gelegentlich vor Freunden Lieder und Szenen zum besten gab, ihn kurzentschlossen auf die Bühne führte. Charlie ersang mit einem bekannten Schlager seinen ersten Publikumserfolg. Davon beflügelt, sang er als Zugabe ein beliebtes Lied seiner Mutter. *Als ich den Refrain wiederholte, imitierte ich in aller Unschuld, wie Mutters Stimme brach, und ich war über die Wirkung überrascht, die das bei den Zuschauern hatte. Es gab Gelächter und Beifall, und ein neuer Regen von Geldstücken prasselte auf die Bühne; als Mutter auf die Bühne kam, um mich fortzutragen, steigerte ihre Gegenwart den Applaus zu einem gewaltigen Sturm. In jener Nacht erschien ich zum ersten, meine Mutter zum letzten Mal auf der Bühne.*[8] Sie gewann ihre Stimme nie mehr zurück.

Das plötzliche Fehlen der gewohnten Einkommensquelle verschlechterte die ökonomische Situation der Familie sehr schnell. Sie zog von einer Wohnung in die nächste, billigere, bis sie

Der Vater:
Charles Chaplin

sich knapp ein Jahr nach Lily Harleys letztem Auftritt in das Armenhaus von Lambeth einweisen lassen mußte. Was den Kindern zunächst wie eine Steigerung des abenteuerlichen Lebens erschien, entpuppte sich schnell als ein Leben *wie unter einer Wolke von Traurigkeit*[9]. Drei Wochen nach ihrer Einweisung wurden die Kinder in die Hanwell Residential School für Waisen und mittellose Kinder geschickt, wo sie zwar gut versorgt wurden, aber unter der strengen Ordnung englischer Armeninternate zu leiden hatten. Während der Ausmärsche bekamen die Insassen der »booby hatch«, wie die Armenhäuser genannt wurden, die Verachtung der Normalbürger zu spüren. In den Backsteingebäuden selbst herrschten Unpersönlichkeit und ein abgestumpftes Personal, das die Schüler mit Prügelstrafen disziplinierte. Für kurze Zeit gelang es der Mutter, die ein bescheidenes Einkommen als Näherin gefunden hatte, die Familie wieder zu unterhalten. Als sie jedoch keine Aufträge mehr bekam, mußte die Familie aus ihrer Wohnung in dem Londoner Slumbezirk Kennington wieder in ein Armenhaus und die Kinder wieder in eine Armenschule – diesmal in die Norwood School, *die noch düsterer war als Hanwell*[10]. Während ihres Aufenthalts dort erfuhren sie, daß ihre Mutter geisteskrank geworden war. Ein Vormundschaftsgericht bestimmte, daß sie bei ihrem Vater bleiben sollten. Dieser lebte inzwischen mit einer Freundin, von der er einen Sohn hatte, zusammen. Widerwillig übernahm sie die Aufsicht über die Kinder. Ebenso wie Chaplins Vater trank auch sie oft und ließ gelegentlich ihre Wut an den beiden ihr aufgehalsten Kindern aus. *Ich war noch keine acht Jahre alt, doch dies waren die längsten und traurigsten Tage meines Lebens.*[11] Glücklicherweise dauerte dieser Zustand nicht sehr lange, denn bald wurde die Mutter wieder entlassen und konnte die Kinder zu sich nehmen.

Rampenlicht

Während der ganzen Zeit war Chaplins schauspielerisches Talent von seiner Mutter gefördert worden, indem sie ihm Szenen vorspielte, berühmte Theaterpersönlichkeiten imitierte und ihm ihre Lieder beibrachte. Sie war es auch gewesen, die darauf geachtet hatte, daß die Kinder sich einer gepflegten Sprache bedienten. Sein Vater empfahl den Sohn mit Erfolg einem Mr. Jackson, dem Prinzipal der Eight Lancashire Lads, einer Truppe von Holzschuhtänzern, die zur Hälfte aus seiner Tochter und seinen drei Söhnen bestand. Nach sechs Wochen, während der er seinen achten Geburtstag feierte, durfte Charles auftreten.
Ich war nicht entzückt, nur ein Holzschuhtänzer unter acht anderen in einer Truppe zu sein. Ebenso wie die übrigen drängte es mich, eine eigene Nummer auszuführen ... Als ich mir Gedanken darüber zu machen begann, was ich denn, abgesehen vom Tanzen, tun könne, kam mir ganz impulsiv als erstes der Gedanke, komisch zu wirken. Mein Wunschtraum war ein Doppelakt mit zwei als komische Tramps verkleideten Knaben.[12] Von einigen Soloszenen und -tänzen abgesehen, wurde jedoch aus solchen Träumen nichts.
Chaplins anderthalbjähriges Gastspiel bei der Truppe fand ein Ende, als eine Serie von Asthmaanfällen ihn ins Krankenhaus zwang. Nach seiner Entlassung lebte die Familie in Kennington, wo sie sich recht und schlecht durchzuschlagen vermochte. Eines Tages erhielt Sydney einen Posten als Trompeter auf einem

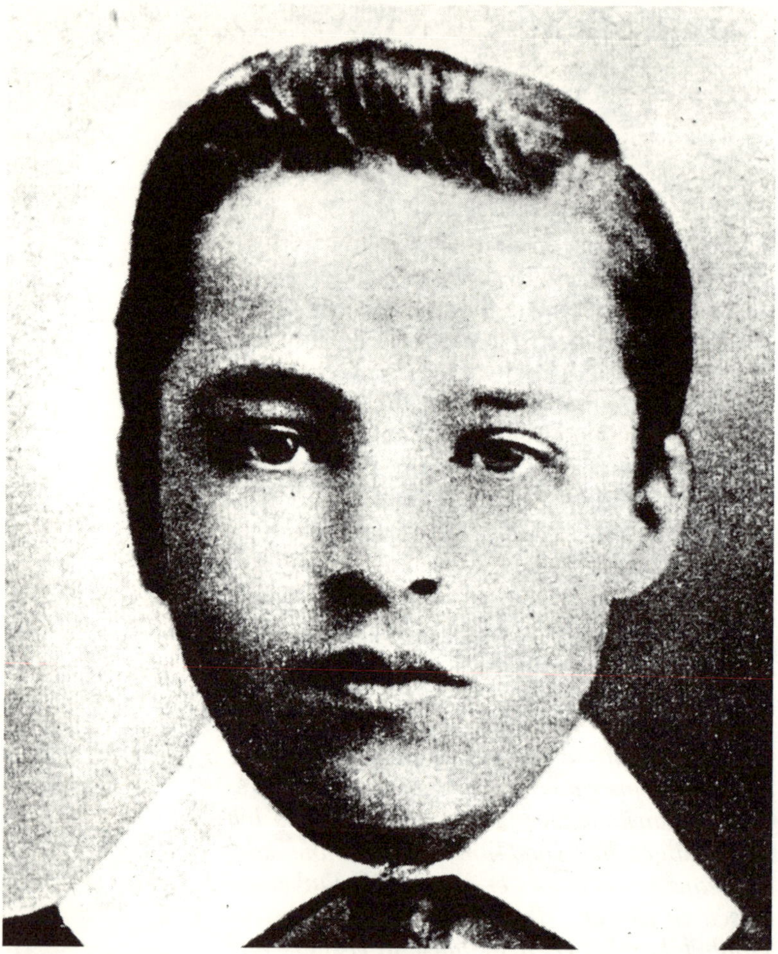

Chaplin als junger Darsteller

Passagierschiff. Während seiner zweiten Seereise, von der er später als vorgesehen zurückkehrte, wurde die Mutter zum zweitenmal geisteskrank. Charles, der nicht wieder in das Armenhaus zurück wollte, log den Behörden vor, er werde bei einer Tante leben, und war nun bis zu Sydneys Rückkehr auf sich selbst angewiesen. Als sein Bruder relativ wohlhabend von der Reise zurückkehrte und beide ihre Mutter holen wollten, wurde ihnen gesagt, ihr Ver-

habe durch die Unterernährung gelitten und es könne Monate dauern, bis sie wieder gesund sei. Daraufhin verdiente Chaplin selbst in den verschiedensten Berufen einen Teil seines Lebensunterhalts: er war Zeitungsverkäufer, Drucker, Spielzeugmacher, Glasbläser, Laufbursche eines Arztes und versuchte mehrmals, als Schauspieler unterzukommen.

Vier Wochen nach Sydneys Rückkehr wurde er von einer Agentur aufgefordert vorzusprechen. Obwohl gerade erst zwölf geworden, gab er sein Alter mit vierzehn an und wurde für die Rolle des Laufburschen Billy in dem Kriminalstück »Sherlock Holmes«, das etwas später auf eine 40 Wochen dauernde Tournee gehen sollte, engagiert. Die Wartezeit sollte er mit der Titelrolle von »Jim, the Romance of a Cockney« von H. A. Saintsbury überbrücken, der in »Sherlock Holmes« die Hauptrolle spielte. Da Chaplin nicht gut lesen konnte, las ihm sein Bruder die Rolle vor, bis er sie auswendig konnte. Das Stück, eines der zu jener Zeit beliebten Melodramen, hatte nur wenig Erfolg; Chaplin selbst erhielt jedoch gute Kritiken.

Auf der sehr erfolgreichen Tournee mit »Sherlock Holmes« nahm Chaplin die Gewohnheit an, meist für sich allein zu bleiben. Nach einiger Zeit war er so kontaktarm, daß er kaum noch an Unterhaltungen teilnehmen konnte, weil er außerhalb der Bühne fast nie sprach. Auf den beiden anschließenden Tourneen konnte Charles auch seinen Bruder unterbringen. Da beide nach Absetzung des Stücks keine anderen Rollen bekamen, ließen sie sich für eine geringere Gage von einer anderen Truppe engagieren, die das Stück weiterführen wollte. Dies kam jedoch einem Abstieg gleich, und so war Chaplin nur zu froh, als man ihn bat, die gleiche Rolle in einem Fortsetzungsstück mit dem Titel »The Painful Predicament of Sherlock Holmes« zu spielen. Der Holmes war diesmal William Gillette, der auch beide Stücke geschrieben hatte. Da das als Ergänzung zu diesem Sketch geschriebene Stück, in dessen Hauptdarstellerin Marie Doro sich der inzwischen sechzehnjährige Charles verliebt hatte, durchfiel, wurde »Sherlock Holmes« wiederaufgenommen, und Chaplin spielte für den Rest der Saison wieder seine erste Rolle als Billy.[13] Nach der Absetzung des Stücks, die mit der Beendigung von Sydneys Provinztournee zusammenfiel, wurde dieser zunächst von einer Clowntruppe, danach von Fred Karno, dem bedeutendsten englischen Impresario für Slapstick-Pantomimen, engagiert. Charles, der zu alt für Kinderrollen, aber für Karno zu jung war, nahm einige vergebliche Anläufe, sich als Autor zu versuchen. Nach dem endgültigen Scheitern seiner ehrgeizigen Pläne ließ er sich von einer mittelmäßigen Clowntruppe namens Casey's Court Circus engagieren. Bei dieser Arbeit sammelte er seine ersten Erfahrungen als Komiker. Chaplins eigene Beurteilung dieser Phase scheint sich mit den Jahren radikal geändert zu haben, denn während er noch in seiner ersten Autobiographie ausführlich seine ersten Auftritte als Komiker würdigt, tut er in seiner zweiten diese Periode recht kurz ab.

Einige Zeit nach Beendigung dieses Engagements erhielt er schließlich doch noch einen Ruf von Fred Karno. *Eines Tages sagte Sydney, Mr. Karno wolle mich sehen. Wie es scheint, war er mit einem jungen Komiker unzufrieden, der in »The Football Match«, einem der erfolgreichsten Sketchs von Karno, mit Mr. Harry Weldon aufzutreten hatte. Weldon war ein sehr beliebter Komiker und blieb es auch bis zu seinem Tod in den dreißiger Jahren. Mr. Karno war ein untersetzter, braungebrannter, kleiner*

Mann mit scharfen, hellen Augen, die stets einen prüfenden Ausdruck hatten. Er hatte als Akrobat am Trapez begonnen und sich dann mit drei anderen Komikern zusammengetan, die hier und dort aufgetreten waren. Dieses Quartett bildete den Kern seiner komischen Pantomimen. Er selbst war ein vorzüglicher Komiker und hatte viele erfolgreiche Nummern erdacht. Er trat noch auf, als er schon fünf Theatertruppen im Lande umherreisen ließ.[14]
Karno, der eigentlich Fred Westcott hieß, wurde der erfolgreichste Showman Englands. Zahlreiche große Komiker haben bei ihm angefangen, darunter Stan Laurel, dessen Karriere mit der Rolle als Chaplins Ersatzmann begann. Später – inzwischen hatte er zusammen mit Oliver Hardy das erfolgreichste Komikerduo der Filmgeschichte gebildet, das in Deutschland unter dem dummen Namen »Dick und Doof« bekannt wurde – sagte er über Karno: »Es gab keinen, der so war wie er. Sein Name war gleichbedeutend mit Geschäftserfolg. Er war ein großartiger Chef, freundlich und aufmerksam – und ich mag gar nicht daran denken, wie es mit ihm endete.«[15] Karno hatte sein ganzes Vermögen in eine Insel in der Themse gesteckt, auf der er ein Wochenendzentrum mit Hotel, Restaurant, Tennis- und Golfplatz hatte bauen lassen. Nach der mit großem Pomp vollzogenen Eröffnung brach ein total verregneter Sommer herein, und er verlor sein gesamtes Vermögen.
Obwohl Chaplin mit seinen siebzehn Jahren zu jung schien, erhielt er die Rolle. Die Schilderung seines ersten improvisierten Auftritts macht deutlich, wieviel von seiner späteren Darstellungskunst, von seinen scheinbar frisch geborenen Improvisationen auf eine lange Bühnenerfahrung zurückblicken konnte: *Ich kam mit dem Rücken zum Publikum aus der Ku-*

Rechte Seite:
Der Siebzehnjährige (Bildmitte, mit Melone) und das Ensemble von »Casey's Court Circus«

lisse – ein eigener Einfall von mir. Von hinten sah ich tadellos aus, der typische edwardianische Schurke im Gehrock und Zylinder, mit Spazierstock und Gamaschen. Dann drehte ich mich herum und zeigte meine rote Nase. Gelächter. Die Verbindung mit dem Publikum war hergestellt. Ich hob melodramatisch meine Schultern, schnalzte mit den Fingern, schwankte über die Bühne und stolperte über eine Hantel. Jetzt verhakte sich die Krücke meines Stocks an einem dort hängenden Sandsack, der zurückschlug, mir ins Gesicht stieß; ich taumelte, schwang den Stock und traf mich selbst an der Schläfe. Das Publikum brüllte, Gott segne es.[16]

Schon damals also galt für Chaplin, daß er viele seiner Lacher nicht aus einer komischen Situation bezog, sondern eine Situation erst durch sein Verhalten komisch machte. Charles, der daraufhin einen Jahresvertrag erhielt, und Sydney, der ebenfalls zu einem gefragten Karno-Komiker geworden war, verdienten bald gut genug, um sich nicht nur eine gute Londoner Wohnung leisten, sondern auch ihre Mutter und ihren Großvater unterstützen zu können. Nach etlichen Erfolgen erhielt Chaplin die Rolle des Betrunkenen in Karnos erfolgreichstem Stück »Mumming Birds«[17]. Das wesentliche Element dieser Show war die Pantomime, und die Erfahrungen, die er in dieser Rolle sammelte, waren für Chaplin von wesentlicher Bedeutung. Die Tatsache, daß das Stück in Amerika, wo es unter dem Titel »A Night in an English Music Hall« lief, einen Nachfolger unter dem Titel »A Night in a London Club« erhielt und 1915 von Chaplin unter dem Titel *A Night in the Show* verfilmt wurde, spricht für dessen Erfolg.

Während seines Engagements bei Karno verliebte sich Chaplin. Das Mädchen hieß Hetty Kelly, war mit ihren fünfzehn Jahren im Lieb-

Szene aus »Mumming Birds«

lingsalter auch des späteren Chaplin, und trat in einer Sing- und Tanztruppe in der gleichen Show wie er auf, zeigte allerdings für seine Gefühle wenig Verständnis. Das Bild, das sich der romantisch Verliebte von ihr machte, blieb daher ungetrübt und wurde wohl zum Vorbild für seine späteren Filmheroinen. Dieses Bild sollte ihm auch später nicht mehr zerstört werden. Als er Hetty Kelly bei seinem England-Besuch 1921 aufsuchen wollte, erfuhr er, daß sie zwei Jahre zuvor gestorben war.
Im Jahre 1909 führte ihn eine Tournee nach Paris, wo er in einem Kino einen Komiker sah, den er später einmal als seinen Lehrmeister bezeichnen sollte: Max Linder. Zwar war dessen Filmfigur in ihrem Äußeren – ein eleganter junger Mann von Welt – das genaue Gegenteil des Tramps; einige Eigenschaften, so vor allem die freche Selbstverständlichkeit seines Auftretens an den unpassendsten Orten, sind in dem Tramp jedoch unschwer wiederzuerkennen. Der Ein-

fluß Max Linders auf die Entwicklung Chaplins wie der Filmkomödie im allgemeinen wird man heute, da zahlreiche seiner Komödien verloren sind, nicht mehr genau ermessen können; er ist aber sicher größer, als allgemein bekannt ist.

Der Einwanderer

Wieder in England, bemühte Chaplin sich vergeblich, Harry Weldons Rolle in »The Football Match« zu übernehmen. Daraufhin begann er, sich immer stärker für eine Mitwirkung bei Karnos Amerika-Tourneen zu interessieren. Alf Reeves, der Manager von Karnos amerikanischer Gesellschaft, wollte ihn engagieren; Karno aber ließ ihn erst nach einigem Zögern ziehen. Chaplin, so erinnerte sich Stan Laurel, der als sein Vertreter mit der Truppe reiste, »war damals eine sehr exzentrische Person. Er war sehr launisch und oft von recht schäbiger Erscheinung. Dann konnte er plötzlich jedermann in piekfeiner Aufmachung in Erstaunen versetzen. Es schien, als habe ihn gelegentlich der Wunsch überfallen, ungewöhnlich toll auszusehen. Dann trug er einen teuren Derbyhut, Handschuhe, tolle Kleidung, gemusterte Westen, zweifarbige, an den Seiten zu knöpfende Schuhe und einen Stock. Ich erinnere mich, daß er nur gelegentlich trank, und nur Portwein. Er las unaufhörlich Bücher. Einmal versuchte er, Griechisch zu lernen, gab aber nach ein paar Tagen auf und versuchte es mit Yoga. Ein Teil dieser Yoga-Geschichte war die sogenannte Wasserkur; für ein paar Tage lang aß er nichts und trank Wasser an Stelle der Mahlzeiten. Er hatte seine Violine bei sich, wann immer er konnte. Er hatte die Saiten austauschen lassen, so daß er linkshändig spielen konnte, und er übte stundenlang. Einmal kaufte er ein Cello und trug es mit sich herum. Während dieser Perioden zog er sich immer wie ein Musiker an, mit einem langen rehfarbenen Überzieher, grünen Samtmanschetten, einem Stehkragen und einem Schlapphut. Zudem ließ er sein Haar hinten lang wachsen. Wir wußten nie, was er als nächstes tun würde. Er war unberechenbar.«[18] Als das Schiff sich der amerikanischen Küste näherte, sprang er auf, lief an die Reling und deklamierte laut: »Amerika, ich komme, dich zu erobern! Jeder Mann, jede Frau und jedes Kind werden meinen Namen auf ihren Lippen führen: Charles Spencer Chaplin!« Er verbeugte sich tief unter den freundschaftlichen Pfiffen der Mitreisenden und setzte sich mit großem Aplomb.[19]

Chaplins amerikanisches Debüt fand am 3. Oktober 1910 im Colonial Theater von New York statt und war ein großer Mißerfolg, weil das von Karno ausgewählte Stück viel zu britisch und für den amerikanischen Geschmack völlig ungeeignet war. Immerhin erhielt er selbst einige gute Kritiken und war bei der englischen Kolonie New Yorks ein voller Erfolg. Bei einer dieser Vorstellungen soll Mack Sennett, der spätere Gründer der Keystone Company (damals noch Schauspieler bei der Biograph Company unter David Wark Griffith), Chaplin zum erstenmal gesehen und sich vorgenommen haben, diesen Komiker zu engagieren, sobald er selbst einmal Filmproduzent sei. Inzwischen hatte man nämlich mit großem Erfolg »A Night in an English Music Hall« aufgenommen.

Im Frühjahr 1912 kehrte Chaplin nach England zurück, hielt es dort aber nur kurze Zeit aus, weil der Aufenthalt in Amerika ihn für dieses Land gewonnen hatte und er befürchten mußte, in England wieder in den Status gehobener Mittelmäßigkeit zurückzufallen, aus dem ihn sein Dasein als Star einer erfolgreichen Theatertruppe herausgehoben hatte. Nur wenige Monate später fuhr er daher mit einer neuen Truppe

in die USA zurück; diesmal, so hoffte er, um zu bleiben.
Das wiedergewonnene Amerika aber war ihm nicht sehr freundlich gesonnen, denn er mußte zunächst wieder in die Tretmühle der Überlandtourneen, und das hieß: sieben Tage in der Woche drei bis vier Vorstellungen am Tag. Als die Truppe im Mai 1913 in Philadelphia spielte, traf bei dem Manager Alf Reeves das Telegramm ein, das nicht nur Chaplins Leben entscheidend verändern sollte:
»Ist Charlie Chapman bei Ihrer Truppe? Lassen Sie ihn Samstag in unser Büro, Putnam Bldg., kommen. Kessel & Bauman.«[20]
Adam Kessel und Charles O. Bauman waren die Inhaber der New York Motion Picture Company, die neben den Westernproduktionsgesellschaften Broncho, KayBee und Domino vor allem ein Unternehmen kontrollierte, das bereits zu jener Zeit, kaum ein Jahr nach ihrer Gründung, Filmgeschichte gemacht hatte: Mack Sennetts Keystone Film Company, die erfolgreichste Komödienfabrik Amerikas.
1913 befand sich die amerikanische Filmindustrie in einem Stadium explodierender Expansion. Es verging kaum eine Woche, in der nicht eine neue Produktionsgesellschaft gegründet, verkauft, umstrukturiert oder aber wieder liquidiert wurde. Favoriten des Publikums waren Melodramen und Westernfilme. Fast alles, was überhaupt gefilmt wurde, wurde von den Besitzern der 15 000 Filmtheater, deren Besuchern vor allem daran gelegen war, möglichst oft etwas Neues zu sehen, den Produzenten aus der Hand gerissen. Die Qualität der meisten Filme war entsprechend gering. Fast alle Komödien zeigten Landstreicher, Farbige oder setzten die auf dem Vaudeville erfolgreichen ethnischen Komödien phantasielos in den Film um. Aus diesem gleichförmigen Angebot ragten neben

Chaplin und Max Linder

ausländischen Filmen (z. B. Max Linders) nur wenige Stücke hervor. Die erfolgreichsten Filme, deren Stil sehr bald die ganze Gattung prägen sollte, stammten von Mack Sennett und seiner Keystone Film Company.[21]

Sie waren all ihren Konkurrenten an Komik, Einfallsreichtum und vor allem an Geschwindigkeit überlegen. Ihre Stars waren Mabel Normand, Fred Mace und Ford Sterling, die zu den populärsten ihrer Zeit gehörten. Die bevorzugte Zielscheibe ihres Witzes waren jene Mitglieder der Gesellschaft, deren Würde und vornehmes Getue am deutlichsten mit ihrem Beruf verbunden waren und die daher leicht verspottet werden konnten, ohne daß eine Erläuterung nötig war: Polizisten, Pfarrer oder Vermieter erregten schon bei ihrem Auftritt Gelächter. Lieblingsthemen der Keystones waren Eheverwicklungen, Rivalitäten um eine Frau und derbe Komödien, die wegen der Popularität ihres Stars Ford Sterling einen heute unverständlichen Erfolg hatten. Was die Filme jedoch vor allem von ihrer Konkurrenz unterschied, war ihre Geschwindigkeit. In seiner Lehrzeit bei David Wark Griffith, dem bedeutendsten Regisseur seiner Zeit, hatte Sennett gelernt, daß man ein Publikum, das auf die Auflösung einer Geschichte wartet, mit schnell wechselndem und sich steigerndem Handlungsangebot in atemlose Begeisterung versetzen konnte. Das Prinzip, eine Geschichte durch eine Verfolgungsjagd zu lösen, wurde zu seinem wichtigsten Stilmittel. Sehr schnell wurde deshalb die Verfolgungsjagd nicht mehr zum auflösenden Moment, sondern zum Selbstzweck, wobei die Mitarbeiter der Keystone eine ungeheure Virtuosität entwickelten.

Sein neuer Beruf

Als Charles Chaplin zu dieser Firma stieß, hatte sie bereits die führende Position unter den Komödienproduzenten inne. Chaplin war von den Keystone-Komödien nicht sehr angetan, weil er das Mechanische ihrer Erfolgsformel nicht mochte und die Filme *für eine plumpe Abart der Clownsnummern*[22] hielt. Dennoch akzeptierte er das Angebot, Filmkomiker zu werden, da er sofort den Publizitätswert eines solchen Engagements erkannte. Für eine Gage

Die Karno-Truppe auf der Überfahrt nach Amerika. Im Rettungsring: Chaplin. Links im Liegestuhl: Stan Laurel

von 150 Dollar pro Woche (das Doppelte der Summe, die Chaplin von Karno erhielt) wurde er engagiert. Seine Tätigkeit bei der Keystone sollte im September beginnen, sobald seine Tournee beendet und sein Vertrag abgelaufen war. Noch während dieser Tournee spielte er in Los Angeles, wo eine seiner Vorstellungen von Sennett und anderen Mitgliedern der Keystone besucht wurde, darunter von Minta Durfee, mit der er später oft zusammen spielen sollte. Später beschrieb sie Chaplins Kostüm in diesem Programm: »Er trug einen Seidenhut, eine kleine Jacke mit Manschetten, die angebunden waren, so daß er sie verlieren konnte, und einen Stock.«[23] Sennett, so berichtete sie, hatte das Programm offensichtlich schon öfters mit Vergnügen gesehen.
Was er jedoch sah, als Chaplin sich im September 1913 bei ihm vorstellte, gefiel ihm gar nicht. Chaplin wirkte mit seinen 24 Jahren im Vergleich zu dem über vierzigjährigen Ford Sterling viel zu jung und wurde zudem durch das hektische Geschehen im Studio so sehr verwirrt, daß er sich äußerst ungeschickt anstellte und fehl am Platz schien. Noch bevor Chaplins erster Film abgedreht war, hatte Sennett bereits den Eindruck, mit diesem Engagement einen Fehler gemacht zu haben, was Chaplins Nervosität noch verstärkte. Sennett teilte ihn auf Grund dieses Eindrucks dem Regisseur Henry Lehrman zu, der sich rühmte, auch mit schlechten Schauspielern gute Filme machen zu können, *da er all seine Lacherfolge durch mechanische Effekte und den Schnitt eines Films erzielen könne*[24]. Der erste Film handelte von einem Journalisten, der sich bei seiner Freundin als Lord ausgibt und wegen seines vornehmen Gehabens von deren Mutter einem Kollegen vorgezogen wird. Um zu Geld zu kommen, überredet er einen Chefredakteur, ihm eine

Plakat für Karnos Amerika-Tournee. Rechts unten: Stan Laurel. Daneben und zweiter von unten: Chaplin

Chance zu geben, die er unter der Bedingung erhält, eine große Story zu liefern. Die aber hat sein Kollege in der Kamera, als er einen Autounfall fotografiert. Während dieser dem Opfer hilft, klaut Charlie ihm die Kamera und landet selbst die Story. Der Titel dieses Films lautete *Making a Living*.

Sein Kostüm war eine Mischung aus der Aufmachung von »Mumming Birds« und dem Kostüm Ford Sterlings. Dieser lieferte auch das Vorbild für den Schurkencharakter der Figur, den Chaplin zunächst auch für den Tramp übernahm. Während der Aufnahmen gerieten er und Lehrman immer öfter aneinander, weil Chaplin sich nicht in die Notwendigkeiten des Films einfügen konnte, in die Kamera sah, Szenenanschlüsse verpatzte oder aus dem Bild lief. Lehrman hingegen war nicht bereit, Chaplin für die Eingewöhnung in das Medium Zeit zu lassen oder seinem Bedürfnis entgegenzukommen, seine Komik langsam zu entfalten. Lehrman trieb ihn ständig zur Eile an, weil ihm an dem hektischen Keystone-Stil gelegen war, den Chaplin gerade vermeiden wollte.[25]

Wenn auch die äußeren Umstände für einen Erfolg ungünstig waren, kam der Film doch recht gut an. Das Verdienst, als erster den kommenden Filmkomiker gewürdigt zu haben, gebührt einem unbekannten Mitarbeiter der »Motion Picture World«, der zur Premiere des Films schrieb: »Der clevere Schauspieler, der die Rolle des unverschämten und sehr gerissenen Gauners spielt, ist ein Komiker ersten Ranges, der so natürlich agiert wie die Natur selbst.«[26] Das Studium dieses oft als mißglückt bezeichneten Filmdebüts gibt dem Kritiker recht: Unter der vornehmen Kleidung stecken buchstäblich wie im übertragenen Sinne schon viele Eigenarten des Tramps.

Als er im Büro des Chefredakteurs seine Jacke ablegen will, um mit dem Rivalen zu kämpfen, zieht er sie schnell wieder an, weil er nur eine Hemdbrust darunter trägt. Mit seinem Stock angelt er nach dem Hals des Rivalen und zieht ihn von seiner Verlobten weg. Er fällt, obwohl noch in normalen Schuhen, fast über seine eigenen Füße. Bei einer Unterhaltung schlägt er ständig auf das Knie seines Partners. Seine Manschetten rutschen den Stock hinunter. Bei einem Kampf springt er dem Gegner in die Arme, was er später oft wiederholt hat. Überhaupt war Chaplin unter den großen Komikern derjenige, der am beständigsten alte Gags in verbesserter Form neu präsentierte. Man kann also mit gutem Grund davon ausgehen, daß viele der in diesem Film gezeigten Eigenarten noch von der Bühne stammen.

Der Zwang zur Sparsamkeit veranlaßte Sennett immer wieder, ein Team zu öffentlichen Ereignissen zu schicken, um dort komische Situationen zu improvisieren und aufzunehmen. Als in Venice, Kalifornien, ein Seifenkistenrennen stattfand, beauftragte er Lehrman mit dem Unternehmen. Lehrman sagte Chaplin, er solle sich etwas Komisches anziehen. Unzufrieden

»Making a Living« mit Virginia Kirtley, Chaplin und Henry Lehrman

mit seinem ersten Anlauf begab sich dieser auf die Suche nach einem neuen Kostüm.
Die Chaplin-Literatur kennt für die Entstehung des Trampkostüms zahlreiche Versionen, die heute nicht mehr zu verifizieren sind. Chaplin selbst hat mehrere Varianten der Geschichte erzählt. In seiner ersten Autobiographie heißt es: *Diese Nacht ging ich stundenlang die Straße auf und ab, damit beschäftigt, mein Drehbuch und Make-up zu planen. Natürlich wollte ich meinen Stock und die lose herunterhängenden verbeulten Hosen, die aus einem mir unbekannten Grund auf der Bühne immer komisch wirkten. Lange dachte ich über die Schuhe nach. Meine Füße sind klein, und ich dachte, daß sie vielleicht unter den verbeulten Hosen in engen Schuhen komisch aussehen könnten. Schließlich entschied ich mich doch für die langen, flachen Schlappschuhe, die mich unversehens zum Stolpern bringen konnten ... Ich ging in eine Cafeteria, um eine Tasse Kaffee zu trinken, und sah dort einen Schnurrbart. Es war ein kleiner, beschnittener Schnurrbart, der von einem würdigen, feierlichen Gentleman getragen wurde, der Suppe aß. Er tauchte seinen Löffel in die Suppe, und der Schnurrbart zitterte erwartungsvoll. Er hob den Löffel, und der Bart zog sich alarmiert zurück. Er nahm die Suppe an die Lippen, der Schnurrbart wich zur Nase aus und blieb dort. Es war das Komischste, das ich je gesehen hatte.*[27]
In seiner offiziellen Autobiographie verlegt Chaplin das Ereignis in die Vorbereitungen zu seinem dritten Film und will seinen Schnurrbart angelegt haben, weil er älter wirken wollte. Klein sollte er sein, damit seine Mimik nicht verborgen würde.[28] Seinem Sohn erzählte Chaplin, das Trampkostüm sei auf einer Londoner Bühne entstanden, als er für einen Komiker einspringen sollte, der viel größer als er war,

Rechte Seite:
Als Debütant
beim Film

Straßenszene in Glasgow (Ausschnitt). Gemälde von Alex King, 1859

und einfach dessen Kleider anzog.[29] Seinen Söhnen erzählte er auch, der Gang des Tramps sei eine notwendige Konsequenz seiner zu großen Schuhe[30], während Winston Churchill eine Version wiedergab, in der es hieß, er sei die Kopie des Gangs eines fußkranken Londoner Kutschers.[31] Andere meinten, Chaplin habe lediglich ihm aus England bekannte Typen kopiert, und ziehen dafür ein Gemälde als Beweis heran. Am wahrscheinlichsten ist die Version Chester Conklins, eines seiner Komikerkollegen, der berichtet, Chaplin sei eines Tages in den Umkleideraum gegangen, habe ein paar Bärte anprobiert, Roscoe Arbuckles Hut und Hosen, seinen Cutaway angezogen und seinen eigenen Stock genommen.[32] Die großen Schuhe, die er schon beim erstenmal gefunden ha-

ben will, trägt Chaplin weder in diesem Film noch in dem dritten, in dem er zum erstenmal den Tramp gespielt haben will.
Aber auch über das Kostüm hinaus zeigt *Kid Auto Races at Venice* (so hieß der Film) ein erstaunlich fertiges Bild des Tramps. Er hat bereits seinen Watschelgang, wirbelt mit dem Stöckchen, schlägt sich damit selbst an die Füße und den Hut vom Kopf. Wenn er davonlaufen muß, nimmt er den Hut ab. Bezeichnenderweise tut er während des ganzen Films nichts weiter, als einer Kamera im Weg zu stehen und zu stören, wo er nur kann.
In seinem dritten Film *Mabel's Strange Predicament* erhält der Tramp noch deutlichere Züge. *Die Szene war eine Hotellobby, ein recht bequemes Hotel. Hier ist der sehr verbeult aussehende Tramp. Er geht hinein und tut all die Dinge, die ein selbstsicherer Mann tun würde. Er fragt an der Rezeption: »Irgend jemand, den ich kenne?« und hebt seinen Hut vor den Damen. Alles, was er wirklich will, ist ein weicher Sessel, in dem er Anker werfen und sich eine Weile ausruhen will. Wehe Füße und das alles. Er nimmt sich eine Zigarettenkippe und steckt sie an; er betrachtet die vorbeiziehende Parade. Schöne Damen stolpern über seine Füße, er lupft seinen Hut und sagt: »Tut mir sehr leid.« Ich wurde lebendig, eine Person in einer logischen Situation. Ich fühlte mich gut, ich fühlte mich richtig. Der Charakter wurde mir klarer. Mir machte die Idee, sehr wählerisch und heikel in allem zu sein, Spaß. Wenn ich also über eine Hundeleine stolperte und meine Hand in einem Spucknapf steckenblieb, wußte ich instinktiv, was zu tun war. Ich versuchte, sie zu verstecken. Man brüllte vor Lachen – bloß weil ich nicht wollte, daß irgend jemand das sieht.*[33]
Dieser Film zeigt Charlie zum erstenmal als Betrunkenen, ein Zustand, in dem man ihn häu-

fig sehen wird. Dabei erwies sich Chaplins Originalität, indem er jene eher choreographischen Gesetzen folgenden Bewegungen ausführte, deren Grazie und innere Logik den Zustand der Trunkenheit als etwas Schönes, Befreiendes und nicht als etwas Lächerliches erscheinen lassen, wie das sonst bei den meisten Komikern der Fall ist. Während seiner ersten Szene erregte Chaplin die Heiterkeit aller Umstehenden, die Experten der Komödie waren. Ihr Beifall gab ihm die endgültige Bestätigung, daß er auf dem richtigen Weg war. Ford Sterling zollte der neuen Figur Beifall: »Der Bursche hat Hosen wie Säcke, Plattfüße und ist der miserabelste, schäbigst aussehende kleine Bastard, den du dir vorstellen kannst; er macht ruckartige Bewegungen, als wenn es ihn überall juckte und er Krabben unter seinen Armen hätte – aber er ist komisch.«[34]

Man lernt sich kennen

Während der Arbeit zu seinen nächsten Filmen lernte Chaplin sein neues Medium kennen und schätzen. »[Chaplin] war die Person, die sich von allen, die ich jemals gekannt habe, am meisten für alles interessierte, was ihn anging ... er versuchte immer, mit mir über seine Arbeit zu reden ... wenn der Moment kam, an dem der abgedrehte Film vorgeführt wurde, war er immer da, während die meisten anderen Schauspieler, die in dem Film spielten, stets abwesend waren«, berichtete Mack Sennett.[35] Da er mit Henry Lehrman und George Nichols wiederum

»Kid Auto Races at Venice«

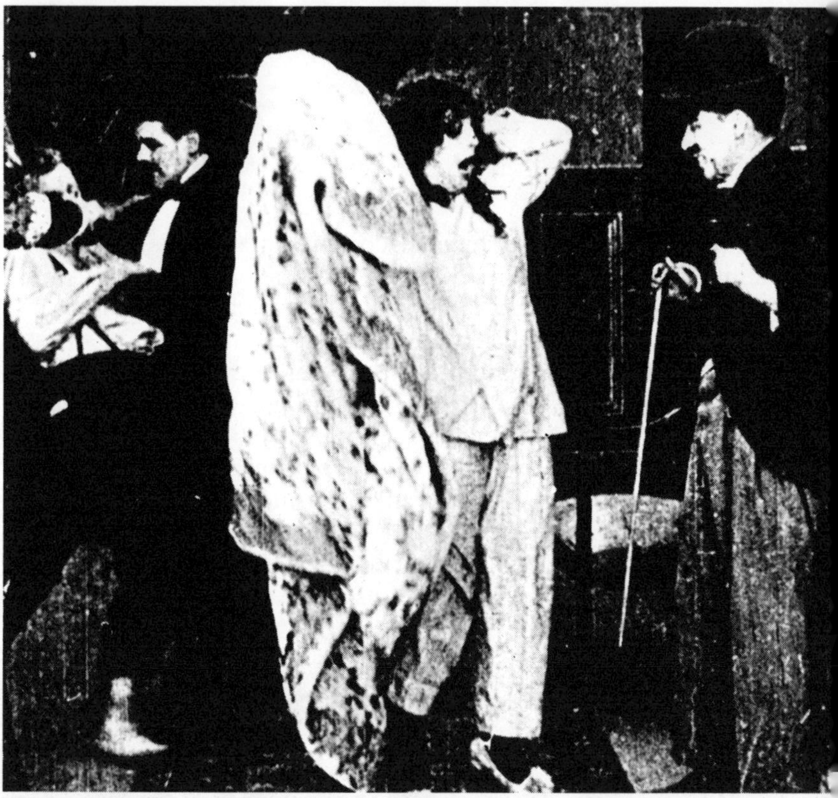

»Mabel's Strange Predicament«. Von links nach rechts: Al St. John, Harry McCoy, Mabel Normand, Chaplin

zwei Keystone-Routiniers zugeteilt wurde, denen es vor allem um Geschwindigkeit ging, und die deshalb seine Szenen auf dem Schneidetisch zusammenkürzten, versah Chaplin seine Auf- und Abtritte mit kleinen Gags, die nur ungern geschnitten wurden. So bewahrte er nicht nur die meisten seiner Szenen vor Kürzungen, er erfand nebenbei auch eine wesentliche Erleichterung für die Cutter. Diese konnten nämlich nunmehr den Schnitt auf eine bestimmte Bewegung hin ausführen, statt den Film mühsam vorher abzumessen.[36]

Nachdem schon *Mabel's Strange Predicament* neue Eigenarten vorgestellt hatte, so Chaplins Abbremsen auf einem Bein, sein Reflex, vor al-

lem, an dem er aneckt, den Hut zu ziehen (und sei es ein Spucknapf), brachten die folgenden sechs Filme nur zwei Neuigkeiten. *His Favorite Pastime* zeigt Charlies ersten Kampf mit einer Drehtür, den er damit beendet, daß er unter ihr hindurchkriecht; in *The Star Boarder* erweckt Charlie zum erstenmal den Eindruck, er habe schon einmal bessere Zeiten gesehen. In diesem Film ist er der Lieblingsgast einer Pensionswirtin. Die Art, wie er sie betört, verrät die Schule des Gentlemans. Sie kommt unter der Hülle des Tramps immer dann zum Vorschein, wenn es ihm gutgeht und nichts seine angenehme Situation bedroht. Wenn sich eine solche Bedrohung aber manifestiert, brechen seine Instinkte wieder hervor und beherrschen ihn so sehr, daß er – wie etwa in diesem Film – seinen besiegten Gegner wie ein Tier beißt.
Bei den Arbeiten zu seinem nächsten Film kam es zwischen Chaplin und Sennett zu einer schweren Auseinandersetzung. Chaplin, der inzwischen einige Routine erworben, vor allem aber wieder zu seinem Selbstbewußtsein gefunden hatte, konnte es nicht ertragen, daß ihm mit Mabel Normand eine Frau als Regisseurin vorgesetzt wurde, die er zwar für charmant, nicht aber für fähig hielt, Regie zu führen. Zwar hatte sie ihre Fähigkeit schon oft unter Beweis gestellt; mit seinem hochgespielten Stolz aber wußte sie nicht fertig zu werden. Sennett griff ein und brachte den Film zu Ende. Aus Wut über den renitenten Neuling und nicht zuletzt, weil er in Mabel Normand verliebt war, wollte er Chaplin danach hinauswerfen. Ein Telegramm aus dem New Yorker Verkaufsbüro, das ihn anwies, so schnell wie möglich neue Chaplin-Filme zu liefern, ließ ihn anderen Sinnes werden. Chaplins Erfolg war nämlich schon zu diesem Zeitpunkt so groß, daß von seinen Filmen über 45 Kopien gezogen werden mußten,

während normale Keystones nur 20 Kopien erbrachten.

Einen Film mit dem Titel »Twenty Minutes of Love« hatte ich sogar an einem einzigen Nachmittag abgedreht, und es wurde ein riesiger Lacherfolg daraus.[37] In diesem Film tritt Charlie zum erstenmal in der später für ihn typischen Weise auf. Er kommt einen Parkweg herunter auf die Kamera zu, ordnet seine Kleidung und wirft einen prüfenden Blick auf die friedliche Umgebung, in die er nun hereinbrechen und der er – und die ihm – so viele Schwierigkeiten bereiten soll. Auch sein Kostüm war nun bis in alle Einzelheiten fertig. Spätere Änderungen galten immer nur für den jeweiligen Film und dienten vor allem dazu, ihn dem Schauplatz besser anzupassen.

Caught in a Cabaret, sein zwölftes Werk, ist der erste bedeutende Chaplin-Film. Es ist der erste Film, von dem man weiß, daß Chaplin einen wesentlichen Einfluß auf seine Gestaltung hatte, weil er sich mit Mabel Normand, mit der er sich wieder versöhnt und zu einem gut funktionierenden Team vereinigt hatte, in die Regie teilte. Der Film erzählt die Geschichte eines Kellners, der als etwas anderes, Besseres, gelten möchte, schließlich aber entlarvt wird. Die Präzision, mit der die beiden Hauptpersonen charakterisiert werden, ist für eine Keystone-Komödie ungewöhnlich. Im Verlauf seiner Abenteuer wird aus dem routinierten Kellner einer üblen Spelunke immer deutlicher eine Persönlichkeit mit Ambitionen, mit natürlichem, wenn auch ungeschliffenem Charme, die in der harten Schule der Slums die Fähigkeit erworben hat, harte Aufgaben und Kämpfe zu meistern. Auch die Nebenrollen sind liebevoll gezeichnet. Die wehmütige Animierdame, der Charlie ständig Getränke bringt, die er dann selbst austrinkt, die sorglichen Eltern Mabels

Mack Sennett und Chaplin in »The Fatal Mallett«

und Charlies ständig herumtänzelnder Kollege haben entschieden mehr Profil als die bisher üblichen Keystone-Typen.

Der nächste Film, *Caught in the Rain,* brachte Chaplins Regie-Debüt. Neben einigen schönen Variationen über die Darstellung von Trunkenheit erhält der Film Chaplins erste komische Transposition, das heißt die sorgfältig ausge-

führte Verwendung eines Gegenstands für einen dafür nicht vorgesehenen Zweck. Hier ist es eine Schnapsflasche, mit deren Inhalt sich Charlie die Haare massiert. In dem Remake dieses Films, *A Night Out,* wird Chaplin diese Methode zum erstenmal in größerem Umfang einsetzen. Dort legt der volltrunkene Charlie seinen Stock zu Bett, gießt sich ein Glas Wasser aus dem Telefon ein, hängt seine Hosen aus dem Fenster, ohne daß dort ein Haken wäre, und putzt mit Zahnpasta die Schuhe. Spätere Beispiele für die vor allem von Chaplin bis zur Virtuosität entwickelte Methode sind das Melken einer Kuh an ihrem Schwanz (*The Tramp*), die »Operation« der Uhr (*The Pawnshop*), das Zubereiten des Hutes als Pudding (*The Pilgrim*) und natürlich das genüßliche Verspeisen des eigenen Schuhs (*The Gold Rush*).
Eine Gastrolle in einem Arbuckle-Film mit dem Titel *The Knockout* enthält Chaplins nächsten, zukunftweisenden Auftritt. Charlie spielt den parteiischen Schiedsrichter eines Boxkampfes, der die meisten Schläge des Gefechts einzustecken hat. Die Grazie, mit der er durch den Ring tänzelt, das übermenschliche Bemühen, trotz zahlreicher Niederschläge wieder auf die Beine zu kommen, und die unorthodoxe Weise, in der ein Boxkampf gesehen wird – all diese Details, aus denen er in *The Champion* und *City Lights* so grandiose Sequenzen entwickeln sollte, sind schon in diesem kurzen Auftritt zu finden. Praktisch unverändert kann man auch die Kulissen von Chaplins erstem Langfilm sehen. *Tillie's Punctured Romance* war nämlich zu diesem Zeitpunkt bereits abgedreht. Wegen seiner Bedeutung für Sennett wurden aber noch weitere fünf Monate Aufbereitungsarbeit in den Film gesteckt.
Chaplin der Tänzer machte erstmals in *Mabel's Married Life* mit Nachdruck auf sich aufmerk-

sam. Während der erste Teil des Films nichts Außergewöhnliches enthält, stellt der zweite den ersten Höhepunkt in Chaplins langer Serie von Trunkenheitschoreographien dar. Charlie kämpft darin mit einem mannshohen Stehaufmännchen. Die Puppe ist für ihn natürlich ein idealer Partner, weil sie genauer als jeder Mensch berechenbaren Bewegungsabläufen folgt, auf die er mit großer Präzision reagieren kann.

Über den Tänzer Charlie ließe sich ein eigenes Buch schreiben. Viele seiner Nachahmer konn-

»Caught in a Cabaret«. Im Vordergrund: Alice Howell, Chaplin

ten seine typischen Bewegungen und sein Kostüm so gut imitieren, daß Chaplin in einem der damals von vielen Kinos veranstalteten Chaplin-Wettbewerbe nur dritter wurde, als er sich einmal aus Spaß beteiligte. Viele Komiker waren ihm in der Erfindung von Gags weit überlegen. Harry Langdon verstand es noch besser als Chaplin, Pathos mit Komik zu verbinden. Keiner seiner Imitatoren und Konkurrenten aber vermochte jemals, Chaplin in seiner tänzerischen Grazie, der Eleganz seiner Haltung und der Selbstverständlichkeit sogar der abenteuerlichsten Bewegungsabläufe zu erreichen. Tänzer bestätigten ihm dies. Chaplin selbst zitierte Vaslav Nijinsky: »Ihre Komödien sind balletique. Sie sind ein Tänzer!«[38] Robert Lewis Taylor berichtet in seiner Biographie über den großen Tonfilmkomiker W. C. Fields von einem der wenigen Male, in denen man diesen überreden konnte, sich einen Kollegen anzusehen: »Vielleicht ist es das beste Zeugnis für Chaplins Größe, daß Fields unfähig war, ihn mehr als ein paar Minuten agieren zu sehen. Er mußte unter der Virtuosität der Pantomime des kleinen Kerls fürchterlich leiden ... Als man ihn nach der Vorstellung fragte, was er von Chaplins Arbeit halte, sagte er: ›Der Hundesohn ist ein Ballettänzer.‹ – ›Er ist ganz schön komisch, nicht wahr?‹ insistierte sein Begleiter. ›Er ist der beste Ballettänzer, der je lebte, und wenn ich eine gute Gelegenheit dazu bekomme, bringe ich ihn mit meinen bloßen Händen um‹«[39]
Auch Chaplins Sohn berichtete davon, daß vor allem Ballettänzer die Leistungen seines Vaters auf ihrem Gebiet zu würdigen wußten: »Jedesmal, wenn ein Ballett in der Stadt auftrat, besuchte Dad die Vorstellung, und zwar nicht einmal, sondern mehrere Male. Er kannte die Handlung, die Musik und alle Parts auswendig. Er suchte die Truppe meistens hinter der Bühne

»Mabel's Married Life«

auf ... Dad hat niemals Ballettanzen gelernt, aber er konnte die Tänzer perfekt imitieren.«[40] Die berühmtesten Szenen aus Chaplins Filmen sind bezeichnenderweise keine primär komischen Szenen, sondern kleine Tänze. Selbstverständlich gehören alle Trunkenheitsszenen dazu: in *One A. M.*, der Schilderung einer halben Stunde, in der Charlie betrunken heimkommt und in sein Bett zu gelangen versucht, brauchte er einen ganzen Film, um dieses Thema ausführlich und noch immer nicht erschöpfend zu varriieren. Die Boxkämpfe aus *The Champion* und *City Lights* beziehen ihren Hauptreiz aus Charlies Umhertänzeln. Die Rollschuhszenen in *The Rink* und *Modern Times* sind ausgesprochene Tanzeinlagen. Der Tanz mit dem Globus in *The Great Dictator* ist die meistzitierte Szene, und für *Limelight* schrieb Chaplin gar ein ganzes Ballett, in dessen Verlauf die Handlung des Films interpretiert wird. Wenn Charlie träumt, ist der Traum ein Tanz – die berühmtesten Beispiele sind das Faunballett aus *Sunnyside,* der Tanz der Engel aus *The Kind* und der Brötchentanz aus *The Gold Rush.* Die Krönung von Chaplins Huldigung an den Tanz findet sich jedoch überraschenderweise in einem Film, in dem er nur kurz einmal auftritt. Wie ein Kritiker beobachtete, spielen sich alle entscheidenden Momente in *A Countess from Hongkong* vor dem Hintergrund von Tänzen ab: »In *Countess* drücken Tänze all diese Stimmungen und noch viele andere aus. Es gibt fünf Szenen, in denen Tanz eine Rolle spielt, und sie alle sind an entscheidenden Stellen eingesetzt. Sie können fast als die Auftakte zu fünf verschiedenen Akten oder Sätzen angesehen werden und dienen als Metaphern für die Gefühlslage der Protagonisten. Die Anfangs- und Endtitel rollen beide über bittersüßen Tanzszenen ab, und der Unterschied in der Betonung ... faßt die gesamte Bewegung des Films zusammen.«[41]

Wenn Charlie sich verbeugt, wenn der Künstler seinen verdienten Lohn entgegennimmt, wie in einer Szene seines ersten »Spätwerks« *The Vagabond,* dann tut er das nicht in der Manier eines Schauspielers oder Musikers, wie es die Szene verlangte, sondern er tritt wieder und wieder mit den sanften Trippelschritten eines

Tänzers hinter dem Proszenium, für das er den Zigeunerwagen nimmt, hervor und verbeugt sich unter Einbeziehung aller Glieder, die in vollendeter Grazie Dankbarkeit, falsche Bescheidenheit und Stolz ausdrücken.

Mit seiner ersten absichtlichen optischen Täuschung eröffnet Chaplin seinen nächsten Film, *Laughing Gas.* In das Wartezimmer einer Zahnarztpraxis kommt ein würdig aussehender Charlie, mustert verständnisinnig lächelnd die Patienten, wäscht sich die Hände, wirkt ganz wie ein Arzt - und entpuppt sich als dessen Assistent. Doch zeigen dieser und der nächste Film, *The Property Man,* auch die negativen Seiten des Tramps. Vor allem seine Aggressivität erhält in diesen Filmen diabolische Dimensionen. Als Theaterrequisiteur lädt Charlie seinem alten Gehilfen einen schweren Koffer auf, was empörend wirkt. Als er ihm jedoch auch noch einen Stock in die Hand drückt, wodurch er den Mann plötzlich zum bedauernswerten, gequälten Wesen macht, und ihm später sogar noch ins Gesicht schlägt und tritt, ist des Bösen zuviel getan. In diesen Szenen kommt Charlie bedenklich nahe an den Bereich, der von dem Sympathiekredit, den er bei seinem Publikum hat, nicht mehr gedeckt wird.

The Face on the Barroom Floor, Chaplins nächster Film, ist sein zweites Meisterwerk und zugleich seine erste Parodie. Zum erstenmal erhält der Tramp eine Vergangenheit – wenn auch nur eine erfundene. Trotz des ungeheuren Pathos, trotz der Schwülstigkeit der Geschichte, der Chaplin als »dramatischer« Schauspieler durchaus gerecht wird, wechselt der Film immer wieder kaum merklich aus der parodierten in die echte Tragödie. Bertolt Brecht, der den Film als »das Erschütterndste, was ich je im Kino sah« bezeichnete, interpretierte den Inhalt des Films in einer Weise, die deutlich macht,

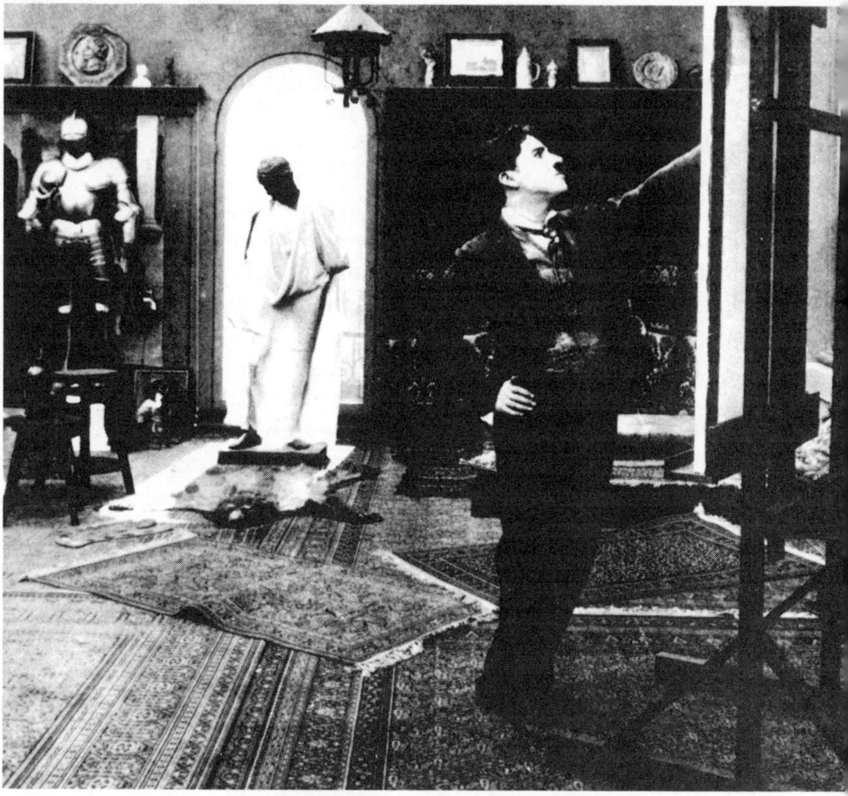

»The Face on the Barroom Floor« (Publicity-Foto)

wie echt Chaplin selbst eine parodierte Tragödie zu gestalten wußte: »Es handelt sich um einen Maler, der in eine Schenke kommt, trinkt und den Leuten, ›weil ihr so freundlich zu mir wart‹, die Geschichte seines Ruins erzählt, die die Geschichte eines Mädchens ist, das mit einem reichen Fettwanst abrückte. Er sieht sie wieder, schon vertrunken und recht abgerissen, und ›das Ideal ist beschmutzt‹, sie ist dick und hat Kinder, und da setzt er seinen Hut schief auf und geht nach hinten ab, ins Dunkle, schwankend wie ein auf den Kopf Geschlagener, ganz schief, großer Gott, ganz schief, wie vom Wind umgeblasen, ganz windschief, wie kein Mensch geht. Und dann wird der Erzählende immer betrunkener und sein Mitteilungsbedürfnis immer stärker und verzehrender, und ... er malt auf den Fußboden das Bild seiner Geliebten, aber es werden nur Kreise. Er rutscht so darauf herum, er gerät in Streit mit allen ... und wirft alle hinaus ... und er zeichnet am Fußboden, und das Letzte ist: da, mit einem Male, mit einem schrecklichen Schrei, als er gerade seiner Geliebten eine kunstvolle Locke andrehen wollte, fiel er über sein Bild, betrunken ... tot ...«[42]

Trotz solcher Düsternis: das Mondgesicht und die Spirale, die er malt, sein »klassischer« Malstil, den die Rückblende zeigt, mit dem er seine Frau statt als Statue als Vase malt, weil er gar zu sehr in ihre Rundungen verliebt ist, nicht zuletzt auch die verfremdeten Zitate aus dem originalen Gedicht von Hugh Antoine d'Arcy – sie alle sorgen dafür, daß alles eine ungeheuer komische Satire bleibt. Gerade durch diesen scharfen Blick für das falsche Pathos wird jedoch die Voraussetzung für die echte Tragik geschaffen, die dem zugrunde liegenden Gedicht, über das seinerzeit die Welt weinte – oder lachte – natürlich abgeht.

Die folgenden Filme, so komisch sie zum Teil sind, bringen für die Entwicklung Charlies wenig Neues. *The Masquerader* interessiert, weil Charlie darin zum erstenmal als schöne Frau auftritt. (In *A Busy Day* hatte er schon einen Hausdrachen gespielt.) Wüßte man es nicht besser: Charlie könnte unerkannt mit den meisten Keystone-Darstellerinnen konkurrieren – so attraktiv ist er. *The Rounders* ist eine Studie über den Zustand der Trunkenheit, die er später kaum besser zu bringen vermochte. *The New Janitor* hingegen sollte einen ganz wesentlichen Schritt nach vorn bringen. Der Film erzählt – in den Grundzügen eine Vorwegnahme von *The Bank* – die Geschichte eines Hausmeisters, der wegen seiner Ungeschicklichkeit gefeuert wird, seinen Posten aber behalten kann, als er einen Angestellten dingfest macht, der den Panzerschrank berauben wollte. Die Szene, in der er gekündigt wird, bezeichnete Chaplin später selbst als die erste jener Szenen, die neben Gelächter auch Rührung erzeugen. (*The Face on the Barroom Floor* bediente sich dazu noch einer geliehenen Figur.) *In einer Szene wirft mich der Bürochef hinaus. Ich flehe ihn an, doch Mitleid mit mir zu haben und mir meine Arbeitsstelle zu lassen, und gebe ihm durch eine zu Herzen gehende Pantomime zu verstehen, daß ich viele Kinder habe. Das war selbstverständlich ironisch gemeint, doch Dorothy Davenport, eine erfahrene Schauspielerin, die der Szene zusah, brach zu meiner großen Überraschung in Tränen aus. »Ich weiß wohl, daß es komisch sein soll«, sagte sie, »aber Sie bringen mich einfach zum Weinen.« Sie bestätigte damit etwas, was ich schon gefühlt hatte: meine Fähigkeit, sowohl Tränen als auch Gelächter hervorzurufen.*[43]

Zwar schildert Chaplin hier eine ähnliche Szene aus *The Pawnshop,* bei der die Kinder erst dazu kamen; auch hier aber ist seine Trauer über den Hinauswurf so offensichtlich, daß für einen Moment die im übrigen noch recht schematische Komödie durchbrochen wird. Der allzu offensichtliche Versuch, aus dieser neuentdeckten Fähigkeit weiteres Kapital zu schlagen, ließ seinen nächsten Film, in dem er sich aus Liebeskummer ertränken will, scheitern. Ebenso wie diese Szene sind auch die übrigen Rührstücke von *Those Love Pangs* zu überzogen und zu wenig ironisch gebrochen, um zu überzeugen.

His Trysting Place zeigt Chaplin zum erstenmal als Familienvater. Die realistisch-komische Darstellung seines Haushaltsalltags gehört zu seinen überragenden Momenten, wenn er auch den Familienvater nur auf Kosten des Tramps glaubwürdig machen konnte. *Tillie's Punctured Romance* war der erste komische Langfilm der Filmgeschichte. Da er damit auch Chaplins erster ist, wird er zumindest in Amerika auch heute noch häufig gezeigt und konnte so von Theodore Huff mit Recht als »der älteste lebendige Spielfilm« bezeichnet werden. Der Film wurde bereits im Frühjahr 1914 gedreht. Da für Sennett jedoch ungeheuer viel von dem Film abhing, dauerte es ein halbes Jahr, bis er herauskam, und daher tauchte ein früher Chaplin-Film, der noch wesentlich von Sennett geprägt war, erst an dieser Stelle seiner Filmographie auf, wo er dann als Rückschritt wirkt. Von seinen historischen Aspekten abge-

»His Trysting Place«

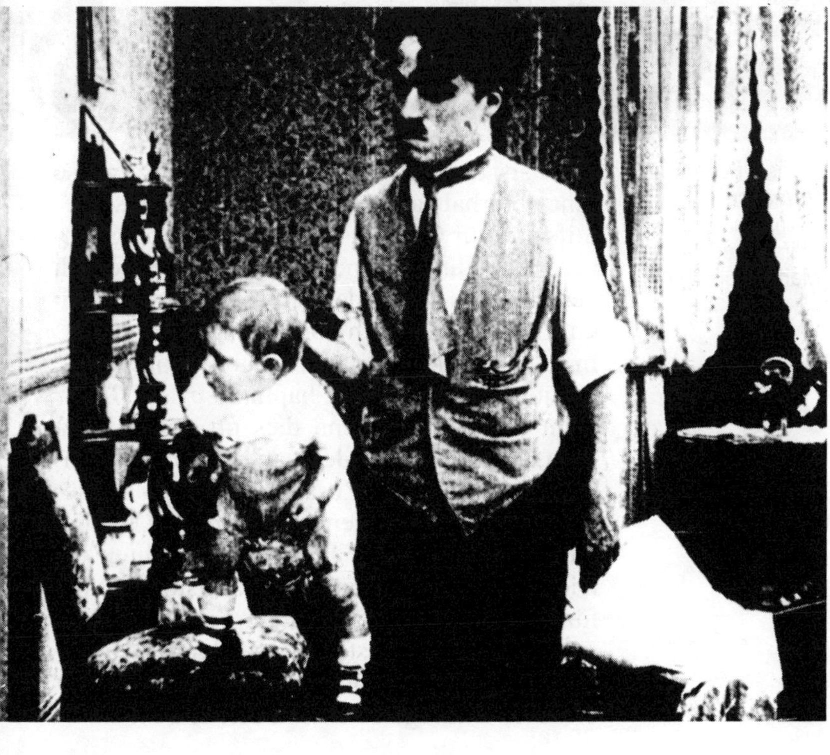

»Tillie's Punctured Romance«.
Vorn: Chaplin, Marie Dressler, Mabel Normand

sehen, ist der Film nicht mehr als eine teilweise sehr unterhaltsame Anthologie des Keystone-Stils und für Chaplins Entwicklung von geringer Bedeutung. Seine Karriere erhielt durch den riesigen Erfolg des Films allerdings einen kräftigen Schub nach vorn.
In seinen Filmen für die Keystone wurden alle Voraussetzungen für Chaplins spätere Laufbahn geschaffen. Wenn dies oft unterschätzt wird, liegt es wohl an der mangelnden Gelegenheit, diese Filme im Zusammenhang zu studieren. Es gibt keine Eigenheit des späten Chaplin, die nicht auf diese Filme zurückzuführen ist. Die erfahrenen Komiker der Keystone waren für Chaplin nicht nur gute Lehrmeister, sondern auch die denkbar besten Partner. Hinter der Kamera waren sie der ideale Resonanzboden für die Entwicklung seiner Einfälle, und nicht sel-

ten waren es ihre Filme und Gags, die Chaplin übernahm und zu etwas Eigenem formte. Sennett erkannte dies am Ende des Vertragsjahres, konnte ihm aber nicht die 1000 Dollar pro Woche bieten, die er mittlerweile forderte, ohne den Neid und die Ansprüche von Chaplins Kollegen übermäßig herauszufordern, zumal Sennett ohnehin dafür bekannt war, daß er nicht viel bezahlte.

Chaplins Bruder Sydney, den Sennett auf Charles' Empfehlung hin im November 1914 engagiert hatte, gab den Rat, auf ein besseres Angebot zu warten, nachdem er dafür gesorgt hatte, daß in der Branche bekannt wurde, zu welchen Bedingungen der Tramp zu haben war. Als Chaplin schon etwas nervös geworden war, erhielt er den Besuch eines Abgesandten der Essanay, der ihn fragte, ob es zutreffe, daß er 1250 Dollar und einen Anfangsbonus von 10 000 Dollar verlange. Chaplin hatte zwar noch nie davon gehört, hütete sich jedoch, dem willkommenen Gast dies mitzuteilen. Nach Rücksprache mit George M. Anderson, einem Inhaber der Firma, der selbst als »Broncho Billy« ein großer Westernstar war, schloß der Agent mit Chaplin einen Vertrag über diese Summe. Mit ihm wurde Charles Chaplin, zu dieser Zeit bereits einer der beliebtesten Komiker des amerikanischen Films, auch einer seiner höchstbezahlten.

Der Tramp

So günstig dieser Vertragsabschluß für Chaplins finanzielle Lage war, so wenig entsprachen die Zustände, die er bei seiner neuen Firma antraf, seinen Vorstellungen. Die Firma, der vor allem deshalb an einem neuen Komikerstar gelegen war, weil sie ihre erfolgreichen »Snakeville-Comedies« von Augustus »Alkali Ike« Carney an einen hohen Konkurrenten verloren hatte, dachte nicht daran, über das hohe Honorar hinaus etwas für ihren neuen Star zu tun. *Francis X. Bushman, der damals ein großer Star bei der Essanay war, merkte gleich, daß mir das Atelier nicht gefiel. »Sie mögen über das Atelier denken, was Sie wollen«, sagte er, »die Anthithese muß es machen.« Damit aber hatte er nicht recht. Das Atelier war mir so zuwider wie das blöde Wort Antithese. Die Arbeitsbedingungen wurden immer schlechter. Wenn ich die Rohaufnahmen durchsehen wollte, dann führten sie mir nur die Negativstreifen vor, um die Positivabzüge zu sparen. Das war natürlich fürchterlich. Wenn ich verlangte, sie sollten einen Positivabzug herstellen, dann taten sie so, als wollte ich sie in den Konkurs treiben. Sie waren geckenhaft und selbstzufrieden. Sie gehörten zu den ersten Gesellschaften, die in das Filmgeschäft eingestiegen waren, und da sie im Schutz der Patentrechte ein Monopol besaßen, kümmerten sie sich wenig um die Qualität ihrer Filme.*[44]

Es verwundert kaum, daß Chaplin unter diesen Arbeitsbedingungen nur eine mäßige Kopie seiner Keystone-Filme herzustellen vermoch-

Rechte Seite:
»The Champion«

»His New Job«.
Von links nach rechts:
Frank J. Coleman, Charlotte Mineau, Leo White, Chaplin

te. Anderson regte deshalb an, Chaplin solle zu seinen Studios nach Niles in Kalifornien kommen, aber auch dort gelang es Chaplin nicht, nach seinen Vorstellungen zu arbeiten. Abgesehen von einem Gastauftritt in einem »Broncho Billy«-Film drehte er dort vier Filme, die alle nur mehr oder weniger verkleidete Remakes seiner Keystone-Komödien waren. Als einzige dieser vier Komödien kann *The Champion* besondere Aufmerksamkeit beanspruchen, und zwar nicht nur wegen der bereits erwähnten Boxszene, sondern weil Charlie hier zum erstenmal mit einem anderen Wesen sein Schicksal teilt: einem Hund.

Der Aufenthalt in Chicago und Niles hatte für Chaplin allerdings auch gewichtige Vorteile, denn er fand dort immerhin neben einer Reihe sehr guter Nebendarsteller auch seinen Kameramann Roland H. Totheroh, der von *The*

Floorwalker bis zu *Monsieur Verdoux* bei allen Chaplin-Filmen die Kamera führte, und Edna Purviance, die von *A Night Out* bis zu *The Pilgrim* seine Partnerin war und der er bis an ihr Lebensende ihr Gehalt weiterzahlte, nachdem ihre auch von ihm geförderten Versuche, eine eigene Karriere aufzubauen, scheiterten. Davon abgesehen aber war er glücklich, endlich doch ein Atelier in Hollywood zu bekommen.

In Los Angeles fühlte ich mich viel glücklicher. Das Atelier in Boyle Heights lag zwar in einer schlechten Gegend, doch war ich dort in der Nähe meines Bruders, den ich nun gelegentlich abends dort traf. Er war immer noch bei Keystone, und sein Vertrag dort sollte etwa einen Monat früher auslaufen als der meine bei Essanay. Mein Erfolg hatte jetzt solche Ausmaße angenommen, daß Sydney vorschlug, seine Zeit ausschließlich meinen Angelegenheiten zu widmen.[45]

Der erste Film, den Chaplin in Los Angeles drehte, sollte sein bisher bester werden. Chaplin war bewußt darauf aus, ein Meisterwerk zu schaffen. Die Inspiration zu dem Film erhielt er von einem Landstreicher, dem er in San Francisco begegnet war und dessen Ruhe und Fröhlichkeit angesichts seines anscheinend schweren Lebens ihn beeindruckt hatte.

Sobald ich ihn verlassen hatte, begann ich, meine Geschichte zu entwickeln. Das Stück war tatsächlich um eine Figur aus dem wirklichen Leben geschrieben. Ich stellte ihn mir auf einigen seiner Wanderungen durch das Land vor. Ich führte eine Situation ein, in der sich ein schönes Mädchen mit ihm befreundet. Indem ich mich an seine Verachtung für bäuerliche Menschen und Dinge erinnerte, konstruierte ich eine Reihe von Episoden, die sich mit seinem Leben auf der Farm beschäftigten. Daß er sich in das Mädchen verliebt, erfand ich; mein

Tramp-Freund ließ von einer Romanze in seinem Landstreicherleben nichts ahnen. Mit dem Abschluß des Drehbuchs kam die wirkliche Arbeit.
Es bedurfte dreier Wochen harter Arbeit, um diese Komödie fertigzustellen. Ich arbeitete mit jedem einzelnen Schauspieler. Ich erklärte ihnen den Gesichtspunkt des Tramps und versuchte, sie so reagieren zu lassen, wie Landleute auf diesen Tramp reagieren würden. Zunächst konnten die Schauspieler die Idee nicht erfassen. Das war völlig natürlich, denn es war meine Idee, und ich mußte sie anderen vermitteln, bevor sie sie lebendig machen konnten. Einige kleine Situationen probten wir über hundertmal. Eine kleine Bewegung wie das Drehen eines Fußes auf einer Leiter oder das Fallenlassen eines Mehlsacks auf den Kopf eines Mannes benötigte Stunden um Stunden. Dies rührte daher, daß ich auf Natürlichkeit aus war, und es bedeutete intensive Konzentration und harte Arbeit für uns alle.[46]
In diesem Film, dem der Landstreicher auch seinen Titel, *The Tramp,* gegeben hatte, gewann Charlie die neue Dimension eines intensiven Gefühlslebens. Gleichzeitig mit der Entdeckung echter Liebe – was davor kam, waren mehr Triebregungen – fand er auch zu einem Mitgefühl für das Schicksal seiner Mitmenschen. Es ist bezeichnend, daß er mit der Liebe auch gleich die Enttäuschung entdecken muß. Nachdem er die Farmerstochter und ihren Vater zum zweitenmal vor schwerem Schaden bewahrt hat und für kurze Zeit glauben kann, daß das Mädchen ihm zugetan ist, muß er, als der Freund des Mädchens zu Besuch kommt, seinen Irrtum feststellen. Traurig packt er seine Sachen, hinterläßt ihr einen Brief – *ich habe Deine Güte für Liebe gehalten* –, er verabschiedet sich von den beiden Liebenden, wobei er

Ben Turpin, Chaplin, Leo White in »A Night Out«

nebenhin das ihm von dem Freund angebotene Geld ablehnt, und zieht davon, die Landstraße hinunter, auf der er zu Beginn des Films gekommen war. Sein Schritt ist so schwer, daß sich sein Bambusstöckchen unter seiner Last biegt. Plötzlich aber richtet er sich auf, er wirft seine Füße nach hinten, den Kummer von den Sohlen schlenkernd, und geht fröhlich dem nächsten Film entgegen. *The Tramp* ist nicht nur einer der schönsten Filme Chaplins, er enthält darüber hinaus auch seine beste Schlußeinstellung.

In diesem Film erst wurde die Figur geboren, die Chaplin seiner Autobiographie zufolge schon bei deren erstem Auftritt bei Sennett so charakterisiert haben will: *Wissen Sie, der Bursche ist sehr vielseitig; er ist ein Tramp, ein Gentleman, ein Dichter, ein Träumer und ein einsamer Bursche. Immer hofft er, es möge ihm etwas Romantisches und Abenteuerliches be-*

gegnen. Er möchte die Menschen glauben machen, er sei ein Wissenschaftler und Musiker, ein Herzog oder ein Polospieler. Und dabei ist er durchaus imstande, fortgeworfene Zigarettenstummel aufzuheben oder einem Säugling seinen Lutscher wegzunehmen. Ja, wenn die Gelegenheit es verlangt, wird er sogar einer Dame einen Tritt in den Allerwertesten versetzen – aber wirklich nur dann, wenn er sehr aufgebracht ist.[47]

Diese freundliche Altersversion trifft jedoch erst für die Filme nach *The Tramp* in steigendem Maße zu. Die frühen Filme zeigen sehr deutlich, daß Charlie zunächst nichts als ein widerborstiger Einzelgänger war, der sich vor allem durchsetzen wollte und imstande war, Frauen mit Ziegelsteinen zu bewerfen, Krüppel in den Bauch und alte Leute ins Gesicht zu tre-

»The Tramp«

ten. Gerade dieser skrupellose Selbstbehauptungswille machte ja seinen großen Anfangserfolg aus. Der Tramp *war ich selbst, ein komischer Geist, irgend etwas in mir, das sagte, ich muß das ausdrücken. Ich fühlte mich so frei. Das ganze Abenteuer daran. Die Verrücktheit – daß ich alles Vermessene und Irrsinnige tun kann, was ich will ...*[48] Man vergleiche diese Äußerung aus einem Interview, dessen Niederschrift noch verrät, wie begeistert sie ausgesprochen wurde, mit der folgenden Passage aus Stevensons »Dr. Jekyll und Mr. Hyde«: »Und trotzdem empfand ich keinen Widerwillen, als ich nun diese häßliche Gestalt in meinem Spiegel erblickte, sondern eher ein Gefühl freundlichen Willkommens. Auch dieses war ich selbst. Es schien alles ganz natürlich und menschlich zu sein. Meiner Ansicht nach war dies ein lebendigeres, ausdrucksvolleres und geschlosseneres Bild des Geistes als die unvollständige und zweiseitige Erscheinung, die ich bisher mein eigen genannt hatte.«[49]

Ähnliche Gedankengänge der Kinobesucher haben vermutlich wesentlich zum Erfolg des Tramps, dessen Komik ja sehr von Elementen der Grausamkeit bestimmt ist, beigetragen. Jeder wünscht sich, wie Chaplin selbst die verrücktesten Sachen anzustellen, ohne dafür zur Rechenschaft gezogen werden zu können. Genau diesen Wunsch erfüllt der Tramp stellvertretend auf einer Ebene, von der er kaum mehr degradiert werden kann, was ihm die notwendige Sorglosigkeit verleiht. *Grausamkeit ist zum Beispiel ein integraler Bestandteil der Komödie. Wir lachen über sie, um nicht zu weinen. In einem Film mit dem Titel »The Floorwalker« ging ein zittriger Mann daher, so etwa, und ich nehme mir nur eine dieser Zithern, die auf dem Verkaufstisch liegen und sage: »Versuchen Sie's, Sir« und halte sie ihm so hin, daß*

seine zitternden Hände die Saiten schlagen. Grausam. Und man brüllte vor Lachen.[50]
Es ist sicher kein Zufall, daß Stummfilmkomödien oder die noch grausameren Zeichentrickfilme am besten von denen genossen werden, die sich am wenigsten verpflichtet fühlen, im Angesicht der Grausamkeit wenigstens ein schlechtes Gewissen zu haben: den Kindern. Sie waren es denn auch, die nach Chaplins eigenem Zeugnis ihn zuerst entdeckt und die ihm zum Erfolg verholfen haben.
Mit *The Tramp* wird der Vertreter einer extremen Individualität um ein weiteres Element bereichert und verstärkt, das fortan eine immer wichtigere Rolle in der Entwicklung des Tramps spielt und das einem starken Bedürfnis seines Publikums nach Pathos entgegenkommt. Das Vertrauen des Publikums, das, wie eine Äußerung des alten Chaplin belegt, zu Recht darauf bestand, sich mit der Gefühlswelt des Tramps identifizieren zu dürfen, ohne in allzu tiefe Abgründe blicken zu müssen, wurde nun zum zweiten und solidesten Fundament für Chaplins Erfolg. *Ich mag die Tragödie nicht. Das Leben ist traurig genug. Ich gebrauche das Pathos nur, um der Schönheit zu ihrem Recht zu verhelfen, denn so viel Tragik ist in der Schönheit enthalten.*[51]
Für seine Anhänger wurde der Tramp damit ein typischer Vertreter ihrer selbst, dessen Wünsche und Bedürfnisse ihre eigenen sind. Ich *glaube, das Geheimnis des Tramps ist es, daß die Leute das Menschliche an ihm erkannten*[52], meint Chaplin. Im Gegensatz zu anderen, die das gleiche mit weit geringerem Erfolg versuchten, beherrschte Chaplin die Kunst des Pathos so vollendet, daß er es fast immer verstand, es abzubrechen, bevor es zum Selbstzweck wurde und in Sentimentalität ausartete. Ein hervorragendes Beispiel dafür ist der Schluß von

The Tramp, in dem dieser nicht sein Publikum in Trauer über sein Schicksal hinterläßt, sondern seinen Kummer abschüttelt und damit die typische Mischung aus Freude und Rührung im Zuschauer erzeugt, die mehr als alles andere chaplinesk ist. Durch diesen Kniff vermochte es Chaplin zudem, dem Charakter seines Tramps treu zu bleiben, der, wie Buster Keaton sagte, »ein Landstreicher mit der Philosophie eines Landstreichers«[53] war.

Arbeit

Nur zwei Monate später brachte Chaplin seinen nächsten großen und vielleicht besten, nicht selbstproduzierten Film heraus: *Work* beschäftigt sich fast nur mit den Problemen beim Tapezieren einer Wohnung. Im Verlauf dieser Schilderung zeigen eine Unmenge grandioser Details Charlies gesellschaftliche Position, seine Einstellung zur Arbeit und vor allem das anmaßende Gehabe seiner bürgerlichen Arbeitgeber mit unerreichter Deutlichkeit: Der Mann mosert beständig am Essen herum, techtelt mit dem Dienstmädchen und wird wütend, als es das nicht erwidert. Die Frau tyrannisiert das Dienstmädchen und ist selbst diejenige, die alles durcheinanderbringt. Die Einrichtung des Hauses protzt mit Nippfiguren und der in Chaplins Bürgerhäusern obligatorischen Statue auf dem Treppenabsatz. Als der Frau plötzlich einfällt, ihr Silber mißtrauisch vor den Augen der Handwerker einzuschließen, kommentieren sie dies, indem sie ihre Uhren in Charlies Tasche stecken und sie mit einer Sicherheitsnadel verschließen. Die Frau hat natürlich einen Liebhaber, einen aufgeblasenen Popanz, der bereits beim Anblick des Ehemannes Schlotterknie bekommt. Charlies provozierendes Verhalten und das sich daraus ergebende Durcheinander wirken angesichts dieser Situation nur konsequent. Leider sind die von diesem Film erhaltenen Kopien in keinem sehr guten Zustand, so daß viele Details (z. B. die abscheulichen Tapeten und Möbel) dieses auch optisch vorzüglich gestalteten Films nicht mehr zur Geltung kommen.

Chaplin und Charles Insley in »Work«

Deutlicher als in den meisten seiner Filme vor *Modern Times* zeigt sich hier Charlies Einstellung zur Arbeitswelt, die für ihn nur aus Tyrannen und Ausgebeuteten besteht. Schon eines der ersten Bilder ist eine klassische Metapher. Charlie, der Malergehilfe, muß den Wagen seines Meisters mitsamt dem Arbeitsgerät und dem Meister selbst obenauf einen steilen Berg hinaufziehen, wobei dieser ihn wie einen Esel mit dem Stock schlägt. Der Effekt wurde von dem Regisseur Chaplin noch verstärkt, indem er die Kamera kippen und mit leichter Unterbelichtung arbeiten ließ, so daß der Berg noch steiler erscheint und die Gruppe sich wie eine Silhouette vom Himmel abhebt.

Da Charlie die Arbeit nie als Selbstzweck oder

auch nur als lebensnotwendige Selbstverständlichkeit auffaßt, sondern immer nur dann einen Job annimmt, wenn er seinen Hunger auf keine andere Weise zu stillen vermag, kann er immer nur solche Berufe ausüben, die in der sozialen Rangordnung ganz unten stehen. Mit entsprechend offensichtlicher Unlust geht er an seine Arbeit heran. Er benimmt sich, als wollte er einen Hinauswurf provozieren, damit niemand auf den Gedanken kommt, es mache ihm Spaß, und er selbst der Gefahr entgeht, sich an den Zustand zu gewöhnen und seßhaft zu werden. Mit diesem totalen Mangel an Angst vor den Folgen trifft Charlie bei den frustrierten Zuschauern, denen die Arbeit ebensowenig Spaß macht, die jedoch aus Angst vor den Folgen genau das Gegenteil von dem tun, was sie eigentlich möchten, auf große Sympathie. Es tut ihnen wohl, wenn sie sehen, daß Charlie zwar oberflächlich die übelsten Schikanen erduldet, durch sein gleichgültig-nachlässiges Verhalten aber dafür dem Meister die Jacke ruiniert, den Pinsel über den Kopf wischt, einen Eimer voll Kleister über den Mann stülpt und ihn schließlich sogar in der Badewanne ertränkt.
Noch genauer ausgeführt wird das Bild in seinem nächsten großen Film *The Bank,* in dem Charlie als Hausmeister nicht nur Kunden und Direktoren mit seinem nassen Mop belästigt, sondern auch seine angepaßten Leidensgenossen Verachtung spüren läßt. Weder sein fleißiger Kollege noch der Erfolg ausstrahlende Kassierer können in Charlies Augen bestehen. Dennoch ist er in diesem Film zum erstenmal bereit, einem Mädchen zuliebe seine Prinzipien zu vergessen und sich den Spielregeln der Gesellschaft anzupassen. Sein Versuch, die Sekretärin mit Blumen zu gewinnen, wird jedoch erbarmungslos abgewiesen. Seine Heldentat, in deren Verlauf er etliche Einbrecher unschädlich

macht und damit dem Direktor das Geld und die Sekretärin rettet, erweist sich als Traum, aus dem er böse geweckt wird, als er statt des Mädchens seinen eigenen Mop umarmt. Grausamer kann es Charlie nicht vor Augen geführt werden, daß es für ihn in der Gesellschaft keine Zuflucht gibt.

Indem der Film zum erstenmal Charlies Versuch zeigt, sich einzuordnen, markiert der Film einen Wendepunkt in dessen sozialen Ambitionen. Während es Charlie bisher nur darum ging,

Edna Purviance, Billy Armstrong, Chaplin in »The Bank«

Edna Purviance und Chaplin in »Carmen«

sich selbst zu erhalten, wird fortan das Motiv, anderen beistehen zu wollen, immer deutlicher in den Vordergrund gestellt. Der Individualist, der bislang stets darum gekämpft hatte, seine Lebensauffassung in einer Gesellschaft von Angepaßten zu behaupten, bemüht sich künftig darum, von ihr aufgenommen zu werden.
Der Tramp, der immer menschlicher wurde, brauchte nun auch realistischere Hintergründe;

Chaplin der Regisseur hielt Charlie und die anderen Schauspieler immer mehr zu einer realistischen Darstellung an. *Die Komödie muß realistisch und lebensecht sein. Meine Komik ist das reale Leben, angereichert mit einer geringfügigen Verdrehung oder Übertreibung, damit herauskommt, was es unter bestimmten Umständen sein könnte.*[54] Auch Chaplins Definition seines Tramps wird nun präziser: *Dieses Kostüm hilft mir, meine Konzeption des Durchschnittsmenschen, fast jedes Menschen, ja, meiner selbst auszudrücken. Der zu kleine Derbyhut bedeutet das Streben nach Würde. Der Schnurrbart ist Eitelkeit. Der eng geknöpfte Mantel, der Stock und sein ganzes Benehmen sind eine Geste in Richtung Galanterie, Weltgewandtheit und von geschobener Selbstsicherheit. Er versucht, der Welt tapfer zu begegnen, sie zu bluffen, und weiß es auch. Er weiß es so gut, daß er über sich selbst lachen und sich ein wenig bemitleiden kann.*[55]

Mit *Work* und *The Bank* verlassen Chaplins Komödien den Bereich der Farce und verändern sich in Richtung Realität, ein Prozeß, der niemals abgeschlossen wird, sondern sich konsequent fortsetzt bis zu *A Countess from Hongkong,* der nur noch eine realistische Komödie mit gelegentlich eingestreuten Elementen der Farce ist.

Mit diesem Höhepunkt ist die Entwicklung des Tramps vorerst abgeschlossen. Die folgenden Filme – und es sind hervorragende Werke darunter – beschränken sich darauf, den etablierten Charakter verschiedenen Situationen auszusetzen, mit dem gefundenen Material zu spielen und Variationsmöglichkeiten auszuprobieren. Erst ziemlich genau ein Jahr später kommt mit *The Vagabond* ein neues Element hinzu – als Charlie seine Ichbezogenheit, von der auch noch die bisher erkennbaren Liebesregungen

durchdrungen sind, zugunsten eines ihm vorher fremden Altruismus aufgibt.
Von den anderen Essanay-Filmen unterscheiden sich zwei Filme, in denen Chaplin fremdes Material verarbeitet: *A Night in the Show,* eine Verfilmung von »A Night in an English Music Hall«, und *Burlesque on Carmen,* eine Parodie der Novelle von Prosper Mérimée und ihrer Verfilmung durch Cecil B. DeMille. Die Behandlung, die Essanay diesem Film nach Chaplins Weggang hatte angedeihen lassen, nachdem sich Chaplin von ihr getrennt hatte, macht es heute etwas schwer, ihm gerecht zu werden. Chaplin hatte ihn ursprünglich auf zwei Rollen Länge geplant, geschnitten und herausgebracht. Um weiterhin mit Chaplins Namen Geld machen zu können, nahm die Essanay von ihm geschnittene Aufnahmen wieder herein und drehte mit einem anderen Darsteller eine Nebenhandlung, die sich aber nicht in den Film einfügte. Der so entstandene Film hatte die doppelte Länge und wirkte durch viele sinnlose Wiederholungen mühsam und langweilig. Chaplin verklagte die Essanay ohne Erfolg.
Diesen juristischen Sieg nutzte die Firma, um auch seinen letzten Film zu verunstalten. Schon einige Zeit zuvor hatte Chaplin einen längeren Spielfilm begonnen, der unter Arbeitslosen spielen sollte. Der Film mit dem Arbeitstitel »Life« wurde jedoch abgebrochen, weil die Essanay wegen der langwierigen Arbeiten an einem Spielfilm in Lieferschwierigkeiten gekommen wäre. Bereits abgedreht war zu diesem Zeitpunkt eine Szene, die in einem Männerheim spielt. Chaplin schrieb daher in seinem nächsten Film *Police* eine solche Szene hinein und nahm die Sequenz in seine Fassung auf. Als er zur Mutual gewechselt hatte, nahm die Essanay diese Sequenz wieder heraus, ließ einige Szenen mit Leo White in der Maske

Edna Purviance, John Rand, Billy Armstrong, Chaplin und Leo White in »Police«

Charlies nachdrehen und füllte das Ganze mit der – seitenverkehrt kopierten – Schlußsequenz aus *Work* an. Das Ergebnis war *Triple Trouble,* der kein Film von Charles Chaplin ist, sich jedoch insofern von anderen Kurzfilm-Zusammenstellungen unterscheidet, als er eine originale Sequenz enthält. Da der Anfang der Asylsequenz noch in *Police* enthalten ist, läßt sich der Bruch ziemlich genau lokalisieren. Chaplin konnte aus diesen Erfahrungen nur noch die Konsequenz ziehen, in jeden seiner künftigen Verträge die Klausel aufnehmen zu lassen, daß die Filme in keiner anderen als der von ihm au-

torisierten Fassung herausgebracht werden durften.
Noch bevor dies geschah, hatte Chaplin jedoch eine Reise nach New York unternommen, bei der ihm zum erstenmal das unerhörte Ausmaß seiner Popularität bewußt wurde. Dort angekommen, konnte er feststellen, daß sein Bruder bereits einen sagenhaften Vertrag unterzeichnet hatte, der ihm 150000 Dollar Vorauszahlung sowie 10000 Dollar Wochengage garantierte. Sein neuer Arbeitgeber war die Mutual Company, die ihm ein anderes Studio gab und ihn auch seine Produktionskosten so großzügig kalkulieren ließ, daß er es sich leisten konnte, seine Filme immer sorgfältiger zu gestalten. Statt wie noch bei der Essanay unproduktive Zeiten mit dem Remake eines Keystone-Films zu überbrücken, ließ sich Chaplin nun die Zeit, neue Einfälle abzuwarten.
Manchmal machte mir eine Filmgeschichte Schwierigkeiten, und ich mußte lange nachgrübeln, bis ich das Problem gelöst hatte. In solchen Fällen legte ich die Arbeit beiseite und versuchte nachzudenken, ging in meiner Garderobe auf und ab oder saß gequält stundenlang auf einer Stuhllehne und rang mit dem Problem. Während einer solchen Zeit jemanden aus der Verwaltung auch nur zu sehen oder festzustellen, daß die Schauspieler mich anstarrten, war mir äußerst unangenehm. Das war um so mehr der Fall, als Mutual die Produktionskosten zahlte und Mr. Caulfield immer anwesend war, um die Dinge in Schwung zu halten.[56]
Aber nicht nur der Zeit-, auch der Filmaufwand stieg rapide an. Für *The Immigrant* wurden etwa 30000 Meter Film verdreht, was dem fünfzigfachen der schließlich gezeigten Meterzahl entsprach. Neben dem Komiker Chaplin wurde auch der perfektionistische Regisseur

Chaplin immer wichtiger, und wenn das auch seine Finanziers zur Verzweiflung trieb, so geriet diese Entwicklung seinen Filmen zum Vorteil. Auch die Mutual hatte allerdings wenig Grund zur Klage, denn sie konnte von jedem ihrer Chaplins 500 Kopien ziehen lassen – gegenüber den 150 bis 200 Kopien für einen normalen Erfolgsfilm eine ungeheuere Zahl.

Vor allem drei Filme der Mutual brachten hinsichtlich der Entwicklung des Tramps wesentliche neue Impulse. Die übrigen waren Variationen über das schon vorliegende Material, wobei dieses jedoch wesentliche Verbesserungen erfuhr: Charlie im Berufsleben (*The Floorwalker, The Fireman, The Count, The Pawnshop* sowie *The Cure* und *The Adventurer*), Charlie lotet komische Standardsituationen neu aus (die Party in *The Count* und *The Adventurer,* das Filmatelier in *Behind the Screen,* das Restaurant in *The Rink*) und Charlie als virtuoser Tänzer (*One A. M., The Rink*). Sie alle lassen spüren, was Chaplin über die Zeit in seiner Autobiographie schreibt: *Die Zeit bei Mutual war wohl die glücklichste meiner Laufbahn, denn damals war ich unbeschwert und für niemanden verantwortlich. Ich war 27 Jahre alt, meine Aussichten waren einfach märchenhaft, und die Welt bot mir Freundschaft und Ruhm.*[57]

Der Vagabund

Es mag ein Zufall sein, daß der zweite Film, dessen Titel Charlie als Landstreicher ausweist, für seine Entwicklung ebenso wichtig ist wie der erste, *The Tramp*. In diesem Film sind zum erstenmal uneigennützige Motive die wichtigste Triebfeder für Charlies Handlungen. Die Geschichte handelt von einem Musiker, der ein von Zigeunern verschlepptes Mädchen aus deren Gewalt entführt, ihr gewisses Verhaltensnormen beibringt und sie schließlich an die Gesellschaft, auf diie er sie vorbereitet hat, verliert. Mit diesem Film bekennt sich Chaplin unverblümt zu der Welt des Melodrams, das zwar schon oft den Hintergrund für Charlies Abenteuer geliefert hatte, jedoch stets durch Ironie gebrochen oder parodiert wurde. Während das Pathos bisher in seinen Filmen nur an Kernstellen durchbrach, wird es hier zum zentralen Motiv des Films. Die Geschichte ist bereits eine direkte Übernahme aus der Welt des Melodrams, das von Zigeunern entführte Kinder so sehr liebte wie die Komödie die Personenverwechslung. Statt jedoch die Momente, in denen das Pathos in schiere Sentimentalität umschlagen mußte, zu dämpfen, nahm sich Chaplin gerade dieser Szenen besonders an, spielte sie aus und erreichte so jene unvergleichliche Mischung aus Sentimentalität, Komik und Ergriffenheit, die künftig alle seine großen Filme bestimmen sollte. Dies brachte ihm nicht nur enthusiastische Anhänger, sondern auch Kritiker ein, die der Ansicht waren, daß mit diesem Film Chaplins Niedergang vom bissigen Satiriker zum

Rechte Seite: Chaplin schneidet einen Film

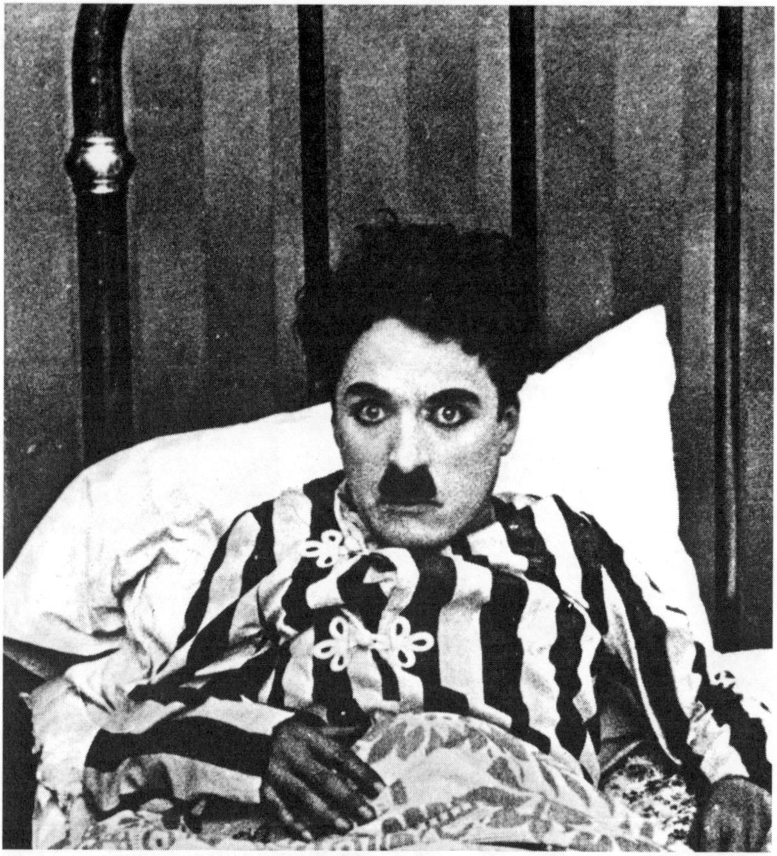

»The Adventurer«

sentimentalen alten Mann begann. Es ist sicher so, daß Chaplins Filme gelegentlich die Balance zwischen diesen drei Elementen verlieren; wenn man aber einmal zusammenstellt, wie selten ihm das passierte, und es mit der Tatsache konfrontiert, daß er fortan in fast allen Filmen diesen Balanceakt unternahm und damit zahlreiche Szenen von großer Schönheit schuf, läßt sich ermessen, wie viel größer seine Leistung ist, als wenn er diese Klippen gemieden hätte. Die Methoden, mit denen er diese Mischung erreichte, sind in *The Vagabond* fast vollständig enthalten:

1. Nichterkennen einer traurigen Situation und entsprechendes Fehlverhalten: Als das Mädchen, das gerade von den brutalen Zigeunern geschlagen worden ist, allein dasitzt, kommt der nichtsahnende Charlie hinzu, hält sie für zahlungsfähiges Publikum und spielt ihr etwas vor, wobei er, immer stürmischer geigend, in den Waschtrog fällt.
2. Realistisches Handeln in einer irrealen Situation: Charlie, der über Nacht auf Stroh geschlafen hat, ordnet den Strohhaufen mit einem Rechen, als ob er sein Bett machte.
3. Übertreiben von Kleinigkeiten beim realistischen Darstellen einer außergewöhnlichen Situation: Als Charlie das Mädchen – mit einem Strumpf – wäscht, reinigt er sorgfältigst ihre Ohren und putzt ihr die Nase, wie man es bei einem kleinen Kind macht. So wird gleichzeitig das Verhältnis der beiden charakterisiert.
4. Ein unvermuteter Gag in einer pathetischen Situation: Als Charlie merkt, daß er das Mädchen verloren hat, setzt er sich gedankenverloren auf einen Nagel.

Die bloße Befolgung dieser Rezepte wäre natürlich ohne Chaplins virtuose Beherrschung der Pantomime nicht ausreichend. So aber kann er es sich sogar leisten, in der Abschiedsszene unverblümt sentimental zu sein. Ursprünglich hatte er einen anderen Schluß. Darin wollte sich Charlie vor Kummer ertränken, wurde von einer häßlichen Frau gerettet und sprang, als er sie sah, vor Schreck gleich wieder ins Wasser. Dieser Schluß wäre zwar komischer gewesen als der schließlich bevorzugte, nicht aber richtiger. In dem Film erkennt das Mädchen plötzlich, wen es wirklich liebt, und nimmt Charlie mit in ihre neue Welt. Gerade weil dieser Schluß so aufgesetzt erscheint, entspricht er viel besser dem Stoff und der ihn tragenden Tradition.

Mit *The Vagabond* hatte der Komiker Chaplin endgültig zu seinem Thema und zu der Motivation gefunden, die fortan die Handlungen des Tramps bestimmen sollte. *Ich brauche auch keine Bücher zu lesen,* schrieb er, *um zu wissen, daß das Grundthema unseres Lebens Konflikt und Leid ist. Rein instinktiv entspringen alle meine Clownerien dieser Erkenntnis. Mein Grundkonzept für eine Komödie war einfach und bestand darin, Menschen in Schwierigkeiten geraten und wieder herausfinden zu lassen ...* Zu seiner Auffassung von Humor meinte er: *... der Ansatz sind die subtilen Widersprüche in dem, was noch als Normalverhalten erscheint. Mit anderen Worten: durch den Humor sehen wir im scheinbar Rationalen das Irrationale, im scheinbar Bedeutenden das Unbedeutende. Er stärkt auch unsere Fähigkeit zu überleben und bewahrt uns die klare Vernunft. Der Humor sorgt dafür, daß die Bösartigkeit des Lebens uns nicht ganz und gar überwältigt. Er regt unseren Sinn für Proportionen an und lehrt*

Charlie als Betrunkener: »One A. M.«

uns, daß in der Überbetonung des Ernstes das Absurde lauert.[58]

Es ist nur konsequent, daß vier der größten Chaplin-Filme diese Aufdeckung des Absurden im Todernsten am schonungslosesten betreiben. Da ihnen noch der milde Schleier romantischer Verklärung, die später in Chaplins Werk eindringt, fehlt, gelingt ihnen auch die vollkommene Synthese zwischen dem alten und dem neuen Charlie. Hier herrscht weder der Individualist noch der Altruist vor, vielmehr relativieren sich beide. Das Ergebnis sind Filme von spezifischer Tiefe und Ernsthaftigkeit. Sie tragen die Titel *Easy Street, The Immigrant, A Dog's Life* und *Shoulder Arms.*

Easy Street stellt dem realistisch gezeichneten Elend der Slums die Entlarvung falscher Sentimentalität gegenüber. Die arme Frau, die der Polizist Charlie beim Stehlen erwischt und für die er aus Mitleid noch mehr stiehlt, entpuppt sich als streitsüchtiges Weib, das ihn mit Geschirr bewirft. Als er mit der Missionsarbeiterin eine Familie besucht, in der zahlreiche Kinder wie Küken in ihren Betten sitzen, streut er, der angesichts von so viel Elend machtlos ist, ihnen Cornflakes hin, als versorge er Hühner. Schließlich entlarvt er aufs Drastischste bürgerliche Vorstellungen, die darauf hinauslaufen, daß Slums verschwinden würden, wenn ihre Bewohner so gesittet wären wie Bürger, indem er ebendies als Happy-End vorführt. In ebenso schmuddeligen Straßen wie zuvor stolziert nun der Bösewicht, seine Frau am Arm, in die Kirche. Charlie, der kleine Polizist, ist eine geachtete Person und geht freiwillig in die Kirche. Das alles wirkt ungemein lächerlich. Niemand, der diesen Film kennt, kann noch glauben, man könne Slums mit konventionellen Mitteln und unter Obenansetzung bürgerlicher Wertvorstellungen beseitigen.

In *The Immigrant* ist das überkommene Bild von Amerika als dem Land der Freiheit und Hoffnung die Zielscheibe von Chaplins Spott. Als die hoffnungsfrohen Einwanderer die Freiheitsstatue erblicken, werden sie mit einem Seil wie das Vieh vor der Aussonderung zusammengepfercht. Dieser erste »Eindruck« von den Schranken, die auch in dem neuen Land auf sie warten, wird im zweiten Teil des Films bestätigt. Die Armut, die die Einwanderer aus ihrem Heimatland vertrieb, vertauschen sie gegen eine nicht weniger hoffnungslose Situation.

A Dog's Life zeigt noch einmal eine Welt erbärmlichster Armut, in der ein Kampf um den Arbeitsplatz wie ein Kampf um das Überleben geführt wird:

Die Story enthielt ein satirisches Element. Es wurde eine Parallele zwischen dem Leben eines Hundes und dem eines Tramps gezogen. Dieses Leitmotiv bildete das Gerüst, an dem ich zahllose Gags und Slapstickhandlungen aufhängte.

Ich sah die Handlung einer Filmkomödie jetzt strukturell, und mein Auge schärfte sich für ihre Architektur. Jede Bildfolge mußte mit der nächsten in Zusammenhang stehen, und alle Szenen sollten wieder auf das Ganze bezogen sein.

Die erste Bildfolge zeigte die Errettung eines Hundes aus dem Kampf mit anderen Hunden, die zweite die Errettung eines Mädchens aus einem Tanzpalast, wo es ebenfalls ein Hundeleben geführt hatte. Es schlossen sich zahlreiche andere an, die sämtlich durch die logisch bestimmte Verkettung einzelner Umstände miteinander verbunden waren.[59]

Diesen letzten Film hatte Chaplin bereits im Rahmen seines neuen Vertrags mit der First National gedreht, der ihm geradezu in den Schoß

Rechte Seite: »The Vagabond«

fiel. *Eines Tages ... kam mein Bruder zu mir in den Athletic Club und verkündete vergnügt: »Also, Charlie, jetzt gehörst du in die Klasse der Millionäre. Ich habe eben für dich mit der First National abgeschlossen: Du bekommst für acht Einakter eine Million zweihunderttausend.«*[60]

Das Geld mußte sich Chaplin jedoch schwerer verdienen, als er es sich an jenem Tag erträumt hatte. Während er sein Privatleben bisher so hatte einrichten können, daß es seine Aktivität als Filmemacher nicht berührte, stürmten in den folgenden Jahren gleich drei Probleme auf ihn ein, die seine Arbeit beeinträchtigten. Alle drei sollten nicht nur unmittelbare Schwierigkeiten aufwerfen: erst zwanzig Jahre danach brachen die Folgen, die daraus erwuchsen, innerhalb kürzester Zeit über Chaplin herein. Der bisher vom Glück verwöhnte Star bekam nun die Macht seiner Neider mit allem Nachdruck zu spüren.

Dreifaches Unheil

In Europa herrschte Krieg, eine Tatsache, von der Hollywood noch kaum Notiz genommen und die bisher auch in den Filmen Chaplins keinen Niederschlag gefunden hatte. Dies sollte sich ändern, als Chaplin eigene Erfahrungen mit dem Patriotismus seiner Mitbürger und dem Umgangston des Militärs gesammelt hatte, die er beide während seiner »Liberty Bond«-Tournee kennenlernte. Schon bald nach Englands Kriegseintritt hatten übereifrige Patrioten ihn aufgefordert, endlich für sein Land zu kämpfen. Als die USA sich entschlossen, Krieg zu führen, nahm die Zahl der Briefe, die forderten, er solle aktiv daran teilnehmen, und ihm vorwarfen, er habe noch immer nicht die amerikanische Staatsbürgerschaft angenommen, ein beträchtliches Ausmaß an. Tatsächlich hatte sich Chaplin jedoch zur Musterung gemeldet und war aus gesundheitlichen Gründen untauglich geschrieben worden. Aus Stolz, und weil er seinen Patriotismus nicht öffentlich dartun wollte, verzichtete er, auf diese Briefe zu reagieren. Als sich eine neue Chance ergab, für sein Land etwas zu tun, was ihm, so meinte er, auch jene »Patrioten« zugute halten würden, ergriff er sie: *In Amerika waren bereits zwei Kriegsanleihen aufgelegt worden, und nun war man an Mary Pickford, Douglas Fairbanks und mich mit dem Ersuchen herangetreten, in Washington offiziell die Kampagne für die dritte Kriegsanleihe zu eröffnen. Ich war mit den Aufnahmen für »A Dog's Life« ... fast fertig. Und da ich vertragsgemäß den Film etwa zur gleichen Zeit zur Aufführung freigeben mußte, zu der die Anleihe eröffnet wurde, blieb ich drei Tage und Nächte auf, um ihn zu schneiden. Als die Arbeit erledigt war, stieg ich erschöpft in den Zug und schlief drei Tage lang. Als ich endlich aufwachte, begannen wir drei im Zug unsere Reden niederzuschreiben. Da ich nie zuvor eine ernste Ansprache gehalten hatte, war ich nervös ...*[61]

Trotz dieser Unsicherheit wurden seine Auftritte und die sich anschließende Tournee ein großer Erfolg, der die Erwartungen erheblich übertraf. Um auch dort, wo er nicht persönlich auftrat, mit Chaplins Namen Anleihen verkaufen zu können, hatte man ihn gebeten, einen kurzen Werbefilm zu machen. Das Resultat war ein echter Chaplin-Film, der seiner Allegorien und der Sparsamkeit der Inszenierung wegen zu einem Werk von fast surrealer Poesie wurde: *The Bond.*

Die Tugendwächter aber waren nicht zufrieden. Chaplin, der in mehreren Interviews seine pazifistische Einstellung bekundet hatte, hatte ihren Verdacht erregt. Bereits Anfang der zwanziger Jahre gab es die ersten Versuche, Chaplins Filme zu boykottieren. Am meisten verübelte man ihm, daß er seine pazifistischen Ansichten in dem Film *Shoulder Arms* propagierte, der sich noch vor Ende des Krieges satirisch mit dem Soldatenleben auseinandersetzte und bei den Soldaten entsprechend erfolgreich war. Louis Delluc nannte diesen Film nach seiner französischen Premiere »den wahrsten Film, zu dem der Krieg je einen friedliebenden Menschen inspirierte.«[62] Bis hin zu *The Gold Rush* galt dieser Film allgemein als Chaplins Meisterwerk, und selbst danach zogen viele seiner Fans diesen Film wegen seiner größeren Konzentration und Ausgewogenheit vor. Diese erreichte Chaplin unter anderem des-

halb, weil er auf eine ausführliche Einleitung verzichtete; in seinen Memoiren schreibt er darüber: *»Shoulder Arms« war ursprünglich auf fünf Akte berechnet. Der erste Teil sollte »Das Leben daheim«, der mittlere Teil »Der Krieg« und der letzte »Das Bankett« heißen, in dem alle gekrönten Häupter Europas die heroi-*

Edna Purviance und Chaplin in »Easy Street«

»The Immigrant«: Chaplin, Edna Purviance, Kitty Bradbury

sche Gefangennahme des Kaisers durch mich feiern sollten. Am Ende wache ich natürlich aus meinem Traum auf. Die Szenen vor und nach dem Krieg wurden nie gedreht, das Bankett wurde nie gefilmt, aber immerhin der Anfang ... Dieser Streifen war zwar aufgenommen worden, doch benutzte ich ihn nicht. Ich hielt es für besser, Charlots Herkunft und Familienleben im dunkeln zu halten und ihn erst in der Armee auftauchen zu lassen.[63]

Es spielt also nur eine Sequenz, die Charlie beim Exerzieren zeigt, nicht an der Front, was wesentlich zu der Geschlossenheit des Films beiträgt. Der Film ist eine Anthologie aller Qualitäten des Schauspielers und Regisseurs Chaplin. Seine Sparsamkeit im Einsatz der Technik ist selten adäquater als hier. »Als Chaplin an der Front ankommt, folgt ihm die Kamera auf einer geraden Linie den Schützengraben entlang und geht mit ihm zurück, als er kehrtmacht und seine eigenen Schritte zurückverfolgt. Diese Kamerabewegung umreißt wie eine Landkarte seine Welt; es gibt keine andere Richtung, in die man sich bewegen, keinen anderen Ort, an den man gehen könnte. Dieser eine Schauplatz, der immer aus der gleichen Perspektive gesehen wird, vermittelt nicht nur die Monotonie und Beengtheit der Schützengräben, sondern auch ihre eigentümliche Stabilität, die Tatsache, daß dies ein Platz ist, an der Menschen ihre tägliche Existenz fristen. Die extremen Bedingungen des Krieges kehren sich um in eine Art von Normalzustand. Dies ist eine Quelle sehr vieler komischer Momente in *Shoulder Arms*.«[64] Mehr noch, darauf beruht eines der Prinzipien von Chaplins Komik: durch absolut normales Verhalten in einer besonderen Situation die Absurdität dieser Situation zu entlarven.

Als er zur Ruhe geht, steht sein Unterstand unter Wasser. Dennoch legt er sich nach einigen vergeblichen Versuchen, sein Los zu bessern, schlafen, als sei es nichts Besonderes, daß er dazu unter Wasser muß. Das ständige Feuer des Feindes hält dazu her, Zigaretten anzuzünden und Flaschen zu öffnen.

Auch die übrigen Qualitäten Chaplins zeigen sich in diesem Film von ihrer besten Seite. Um die Aufzählung eines seiner Biographen[65] zu übernehmen:

Stetes Tempo: die generalstabsmäßig exakt verlaufende Gefangennahme des Kaisers;

Rhythmus: das Wacheschieben im Unterstand;

Komödie: die Schwierigkeiten, zu Bett zu gehen;

Burleske: die Verfolgungsjagd mit Charlie als Baum;

Satire: das Exerzieren der Rekruten;

Pathos: Charlie erhält keine Post, freut sich dafür jedoch überschwenglich über den Brief eines Kameraden;

brillante Pantomime: als das Mädchen ihn fragt, welcher Nationalität er sei, nimmt er Sterne und Streifen der amerikanischen Flagge.

»Shoulder Arms« war ein sehr großer Erfolg und während des Krieges bei den Soldaten sehr beliebt[66]*, doch wieder hatte ich mehr Zeit daran gewendet, als vorgesehen war, und er hatte noch mehr gekostet als »A Dog's Life«. Nun aber wollte ich mich selbst übertreffen, und ich glaubte, daß die First National mir dabei helfen werde ...*

Ich verlangte nicht viel, nur einen hinlänglichen Ausgleich für die Extrakosten, die indessen nicht mehr betragen würden als 10000 oder 15000 Dollar pro Film ... Aber ich hätte ebensogut ein einsamer Fabrikarbeiter sein können, der General Motors um Lohnerhöhung bittet.

Als ich meine Darstellungen beendet hatte, herrschte eisiges Schweigen. Dann erklärte der Sprecher: »Tja, Charlie, wir sind Geschäftsleute. Sie haben einen Vertrag unterzeichnet, und wir erwarten, daß Sie ihn einhalten.« Ich antwortete lakonisch: »Ich kann Ihnen die sechs Filme in zwei Monaten liefern, wenn Sie solche Filme haben wollen.«

»Das bleibt ganz Ihnen überlassen, Charlie«, sagte die ruhige Stimme. Ich fuhr fort: »Ich bitte Sie um eine Erhöhung, damit ich das Niveau meiner Arbeit halten kann. Ihre Gleichgültigkeit zeugt von einem Mangel an Einfühlungsvermögen und Voraussicht. Sie haben es hier nicht mit Würsten zu tun, sondern mit persönlichem Enthusiasmus, und das ist nicht dasselbe.« Doch sie blieben unerschütterlich. Ich verstand ihre Haltung nicht, denn schließlich galt ich als der stärkste Kassenmagnet im ganzen Land. »Ich glaube, es hat irgend etwas mit der Tagung der Filmindustrie zu tun«, sagte mein Bruder Sydney, »es geht das Gerücht,

daß alle Produzenten sich zusammenschließen wollen.«[67]

Dieses Gerücht schreckte auch andere große Stars auf, deren Verträge demnächst auslaufen sollten. Sie befürchteten, ein Monopol der Produzenten könnte ihre Gagen drücken. Charles Chaplin, Mary Pickford, Douglas Fairbanks und William S. Hart, der jedoch noch vor Vertragsabschluß absprang, taten sich zusammen, um Gegenmaßnahmen zu beraten. Die Lösung, die sie schließlich fanden, hieß United Artists, deren Gründungsvertrag am 19. Januar 1919 unterzeichnet wurde. Diese Gesellschaft vereinigte das größte finanzielle Potential, das der amerikanische Film zu bieten hatte. Das Unheil, das mit dieser Gründung für Chaplin persönlich verbunden war, sollte ihm erst später klarwerden. Denn nicht nur Kassenmagneten waren in dieser Firma zusammengeschlossen: ihre vier Gründer gehörten auch zu den größten und eigenwilligsten Künstlern. Neben Chaplin

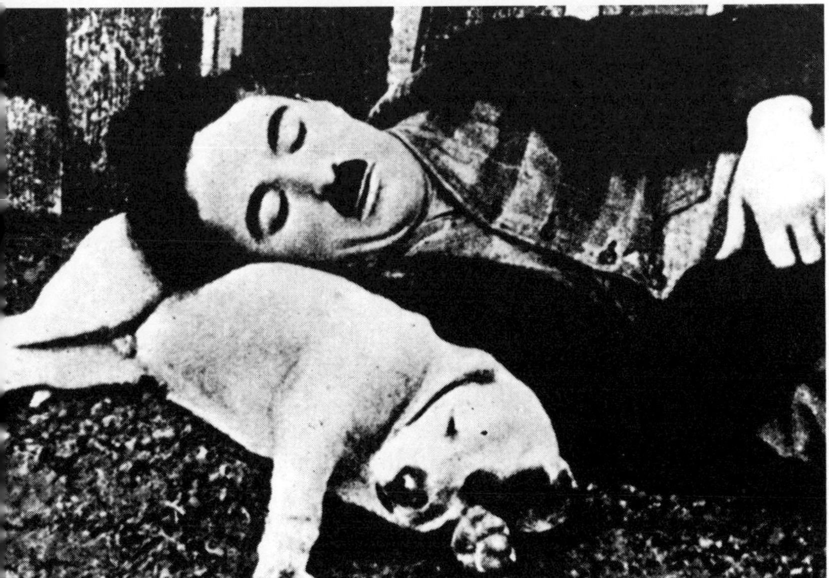

»A Dog's Life«

war auch Griffith dafür bekannt, daß er mit großer Sorgfalt arbeitete und sich dabei wenig um Termine kümmerte. So kam es, daß zwar Fairbanks und Pickford sehr bald Filme für die neue Gesellschaft lieferten, Griffith aber nach seinem erfolgreichen Film »Broken Blossoms« zwei Jahre auf den nächsten Erfolg warten ließ und danach nur noch finanzielle Mißerfolge brachte. Chaplins erster Film für die United Artists ließ sogar vier, sein erster Erfolg fünf Jahre auf sich warten. Dies war natürlich für einen Filmverleih eine viel zu schmale Basis. Erst in den späten zwanziger Jahren arbeitete die Firma, inzwischen um zahlreiche Stars erweitert, mit Erfolg. Mitte der dreißiger Jahre jedoch begann ein steter Abstieg, und erst 1953, nachdem alle Gründer ihre Anteile verkauft hatten, gewann sie wieder ihre heutige Bedeutung. Sorgen mit dieser Firma sollten Chaplin immer wieder beschäftigen, zumal sie stets dann aufzutauchen pflegten, wenn er ohnehin in Schwierigkeiten war.

Das dritte Unheil begann bereits 1917 und sollte noch wesentlich folgenschwerer sein. Chaplins Ehe mit Mildred Harris war der Beginn einer Serie unglücklich verlaufender Beziehungen zu Frauen, die ihm anfangs reizvoll, mit zunehmender Desillusionierung jedoch immer mehr als Plage und zuletzt als Bedrohung erschienen. Die außerordentliche Publizität, die solche Abenteuer gefunden hatten, sollte schließlich wesentlich zum Zustandekommen einer öffentlichen Meinung beitragen, die in Chaplin zuletzt nur noch ein lüsternes Ungeheuer sah. Da diese Entwicklung natürlich nicht ohne Einfluß auf Chaplins Arbeit blieb, wenn er es auch erstaunlich lange vermochte, deren Ergebnisse davon unberührt zu lassen, kann sie hier nicht übergangen werden. Bei derart extrem persönlich erlebten und wiedergege-

Rechte Seite: Chaplin und sein Bruder Sydney in »The Bond«

BONDS

benen Konflikten ist es allerdings unmöglich, eine objektive Darstellung auch nur zu versuchen, da man stets mit mehr subjektiv gefärbten Quellen arbeiten muß. In wissentlicher Übernahme seiner Einseitigkeit soll daher nur Chaplin selbst zu Wort kommen. Für die Relativierung seiner Aussage möge der Hinweis genügen, daß Chaplin in allen Fällen – und zumal er sich stets seines Alters und seiner Vorliebe für wesentlich jüngere Frauen bewußt war – keinen geringen Anteil an der Entwicklung der Dinge hatte. Die folgende Montage aus Chaplins Erinnerungen ist deshalb sehr ausführlich, weil seine Ehe mit Mildred Harris zum »Vorbild« für fast alle seine kommenden Frauenbekanntschaften wurde, wenn diese auch nicht immer ganz so dramatisch verliefen.

Im Laufe des Tages erschien ein Mädchen namens Mildred Harris in diesem Kreis ... Ich fand sie hübsch ... Sie erzählte mir, daß sie bei Lois Weber arbeite und in einem Film der Paramount als Star herauskommen werde. Ich setzte sie bei ihrer Wohnung ab, und sie hinterließ in mir nur den Eindruck, daß sie ein törichtes Mädchen sei ... Das einzige, was mich an ihr reizte, war das Sexuelle, und es schien mir nicht der Mühe wert zu sein, deswegen einen romantischen Annäherungsversuch zu machen, denn das erwartete sie wohl von mir.

Ich wurde erst einige Tage später wieder an sie erinnert, als Harrington mir ausrichtete, sie habe angerufen. Hätte er dabei nicht noch eine Bemerkung gemacht, so hätte ich mich vielleicht nie mehr um sie gekümmert, doch erwähnte er, der Chauffeur habe ihm erzählt, er habe mich von Sam Goldwyns Haus in Begleitung der schönsten Frau heimgefahren, die er je zu Gesicht bekommen habe. Diese absurde Bemerkung reizte meine Eitelkeit, und das war der Anfang. Wir dinierten, tanzten, fuhren im

Linke Seite:
»Shoulder Arms«

Mondschein am Strand entlang, und das Unvermeidliche geschah. Mildred begann, sich Sorgen zu machen ...
Meine Gefühle waren gemischt. Ich hatte das Empfinden, in einem Netz von zufälligen und unnötigen Umständen gefangen zu sein, in einem Bund also, dem jede echte Grundlage fehlte. Andererseits hatte ich mir schon immer eine Ehefrau gewünscht. Mildred war jung und hübsch, noch keine neunzehn Jahre alt, und da ich zehn Jahre älter war, konnte vielleicht noch alles gut werden ...
Nachdem wir verheiratet waren, stellte sich Mildreds Schwangerschaft als falscher Alarm heraus. Mehrere Monate waren vergangen, und ich hatte eine einzige dreiaktige Komödie gedreht, »Sunnyside«, und es war gewesen wie Zahnziehen. Ohne Zweifel hatte die Ehe ihre Wirkung auf meine schöpferischen Fähigkeiten ...
Nachdem wir ein Jahr verheiratet waren, wurde ein Kind geboren, das aber nur drei Tage am Leben blieb. Damit begann unsere Ehe zu zerbrechen. Obgleich wir im selben Haus wohnten, sahen wir einander nur selten, denn sie war in ihrem Studio genauso beschäftigt wie ich in meinem. Es wurde ein trauriges Haus ...
Dann kam es zum Bruch. Ich war damit beschäftigt, »The Kid« zu schneiden ... Wir trennten uns also ganz freundschaftlich und waren uns darüber einig, daß sie wegen seelischer Grausamkeit auf Scheidung klagen und daß keiner von uns der Presse Mitteilung machen sollte ... Als es Zeit war, die betreffenden Dokumente zu unterzeichnen, widerrief sie ihre Zusage ohne Angabe von Gründen.
Mein Anwalt war überrascht – »da braut sich etwas zusammen« – und so war es auch. Ich hatte Streit mit der First National wegen »The Kid«; es war ein siebenaktiger Film, und die

The United Artists: Douglas Fairbanks, Mary Pickford, David Wark Griffith, Chaplin

Gesellschaft wollte ihn mir als drei Zweiakter anrechnen. Auf diese Weise hätte sie mir nur 405000 Dollar dafür zu zahlen brauchen. Da die Herstellung von »The Kid« mich eine halbe Million gekostet hatte, nicht gerechnet meine achtzehnmonatige Arbeitszeit, hatte ich der Gesellschaft erklärt, eher werde die Hölle zufrieren, als daß ich ihren Vorschlag annähme. Man drohte mit Prozessen. Die Gesellschaft wußte, daß sie rechtlich nur wenig Aussicht hätte. Man steckte sich deshalb hinter Mildred und versuchte auf diese Weise an den Film heranzukommen. Der Film war noch nicht geschnitten, und mein Instinkt riet mir, das in einem anderen Bundesstaat zu tun ... Wir zogen ins Salt Lake City Hotel. In einem Schlafzim-

Plakat mit Mildred Harris Chaplin

mer legten wir den Film auf alle verfügbaren Möbelstücke, Fensterbänke, Kommoden und Schubladen, um ihn dann aufzuspulen. Wir mußten dabei heimlich vorgehen, denn es war verboten, irgend etwas Feuergefährliches im Hotel aufzubewahren. Unter solchen Umständen ging also die Arbeit des Schneidens vor sich.[68]

Schließlich einigte man sich. Die Gesellschaft zahlte ihm anderthalb Millionen Dollar für die Herstellungskosten und beteiligte ihn mit 50 Prozent am Gewinn, sobald diese Summe eingespielt war. Nach fünf Jahren sollte der Film mit allen Rechten an Chaplin zurückgehen. Diese Klausel galt für alle First Nationals. Während alle Keystones, Essanays und Mutuals, über die Chaplin auch später keine Verfügungsgewalt mehr erlangen konnte, heute vermutlich frei sind und von verschiedenen Gesellschaften in meist ungeheuerlich zusammengeschnittenen oder durch schlechte Tonfassungen verdorbenen Versionen vertrieben werden, stehen alle Filme seit *A Dog's Life* unter der alleinigen Kontrolle Chaplins. Chaplin-Freunde, die gerne einen häufigeren Zugang zu diesen Filmen hätten, haben dies oft bedauert, da er mit Wiederveröffentlichungen stets sehr sparsam war. Andererseits ist es diesem Umstand zu verdanken, daß von all diesen Filmen heute noch hervorragende Kopien existieren, die über die Kunst des Regisseurs Chaplin erheblich mehr verraten als die verschlissenen Kopien der frühen Filme.

Auf der Sonnenseite

Während Chaplins Privatleben erheblichen Belastungen ausgesetzt war, schuf der Filmkünstler Werke, die ihn endgültig in jenen absoluten Rang erhoben, den er bei Publikum und Kritik so lange Zeit unangefochten einnahm. Zuvor allerdings kamen noch zwei Filme heraus, die nicht den gewohnten Erfolg hatten und daher noch heute als schwächere Werke gelten, zumal sie lange nicht mehr vollständig zu sehen waren. Wie bei so vielen überlieferten Urteilen ist aber auch hier eine Korrektur notwendig.

Sunnyside war für Chaplin ein Experiment. Beschäftigt man sich mit dem Inhalt des ersten Teils, wird schnell klar, warum es in den Augen des damaligen Publikums scheitern mußte. Charlie ist ein Gehilfe auf dem Hof eines frömmelnden Sklaventreibers, der ihn nicht nur für die Landarbeit, sondern auch noch als Hoteldiener mißbraucht. Um die Arbeit überhaupt bewältigen zu können, hat er eine Reihe arbeitssparender Methoden erfunden. Er melkt die Kuh direkt in die Kaffeetassen und hält ein Huhn so über die Pfanne, daß es ohne Zwischenstationen ein Rührei legen kann. Bei dem vergeblichen Versuch, eine Kuhherde unter Kontrolle zu bringen, wird er in einen Bach geworfen und ohnmächtig. Er träumt von einer Gruppe griechisch gekleideter Waldnymphen, die ihn – er sieht sich als Pan – umspielen und mit ihm tanzen. Während des Tanzes gerät er an einen Kaktus, sein Tanz wird immer hektischer, sein Lächeln gefrorener, sein Glück getrübt, sein Körper von einem Seil umschlun-

gen, mit dem ihn sein wutschnaubender Boss aus dem Traum und dem Bach reißt ...
Charlie, der noch in *The Tramp* das Landleben verspottet hat, als angepaßter, arbeitswilliger und dabei noch zufriedener Landarbeiter: das mußte unter denen, die ihn bereits abgestempelt hatten, Verwirrung stiften. Daß seine Erfindungen der Erleichterung der Arbeit und nicht etwa ihrer Abwälzung auf andere dienten, paßte nicht zu dem Bild, das man sich gemacht hatte. Als Chaplin dann auch noch ein ausgedehntes Ballett einfügte, das den Rahmen dieses Films sprengte, war er sein Publikum los. Der Film, der es zu nicht viel mehr als zu einem Ach-

Der Elfentanz aus »Sunnyside«

Chaplin,
Jackie Coogan und
Edna Purviance in
»The Kid«

tungserfolg brachte, wurde schließlich sogar noch zum Objekt einer Sennett-Satire mit dem Titel »The Prodigal Bridegroom«, in der Ben Turpin als Pan Chaplin mit einer bebrillten Nymphe über die Wiese hüpft.

Leider hat sich Chaplin allem Anschein nach von den tradierten Urteilen beeinflussen lassen, denn gerade die Filme der First National, die zu Recht oder Unrecht als Versager angesehen wurden, nahm er nicht in das Paket der elf Filme auf, die er 1971 zur Wiederaufführung freigab: *Sunnyside, A Day's Pleasure, The Idle Class* und *Pay Day.* Eine Überprüfung jener Urteile wird also noch längere Zeit jenen vor-

behalten bleiben, die an die wenigen inoffiziell kursierenden Kopien herankommen.
Der Mißerfolg seines Experiments mit der reinen Poesie ließ Chaplin für seinen nächsten Film bei dem extremen Gegensatz Zuflucht suchen. *A Day's Pleasure* bezog seine Komik wesentlich aus Überraschungsgags, dem optimalen Ausspielen einer komischen Situation, den Problemen einer karikierten Familie – allegemein praktizierten Regeln einer Komödie also, die normalerweise mit anderen als Chaplin verbunden wird. Kaum einmal griff er auf traditionelle Verhaltensweisen des Tramps, der als Familienvater ohnehin unglaubwürdig wirkte, zurück. Die Kritik warf ihm vor, er habe viel traditionelle Slapsticks eingesetzt: »Meistens aber verläßt er sich in seiner Komik auf Seekrankheit, ein Ford-Auto und Krach-Bumm-Slapstick, worin er, wenn überhaupt, nur wenig komischer ist als viele andere Filmkomiker.«[69] Der Film wird heute fast häufiger der Tatsache wegen zitiert, daß Jackie Coogan in ihm sein Filmdebüt gab, als deshalb, weil er einer der witzigsten Chaplin-Filme ist.
Alle seine Kritiker sollte Chaplin mit seinem nächsten Film zum Schweigen bringen. »In *The Kid* erhob sich das Pathos zum erstenmal zu voller Größe. War es auch in seinen früheren Filmen ... schon vorhanden, so wurde jetzt das pathetische Gefühl erforscht, glaubhaft gemacht und in einen solchen Zusammenhang gestellt, daß man an seiner Bedeutung nicht mehr zweifeln konnte«[70], schrieb Robert Payne.
Der Anfang des Films vollzieht noch einmal Charlies Wandlung vom Egozentriker zum Altruisten nach. Als Charlie ein Baby findet, das niemandem zu gehören scheint, versucht er, es in einen Korb zu legen, einer anderen Mutter in den Kinderwagen zu schmuggeln, und zuletzt überlegt er gar, ob er es in den Gully wer-

fen soll, um die Verantwortung für das Bündel loszuwerden. Schließlich entscheidet er sich doch dafür, es zu behalten. Die nächste Sequenz, die fünf Jahre später spielt, zeigt, wie sehr die beiden sich aneinander gewöhnt und liebgewonnen haben. Noch im Schlaf vollführen beide die gleichen Bewegungen, Jackie feilt sich die Fingernägel in der gleichen Weise wie sein »Vater«, der sie sorgfältig nachprüft. Reinlichkeit ist für Charlie schon immer ein wesentliches Merkmal von Anständigkeit gewesen, die mehr über einen Menschen verrät als dessen Lebensumstände. Die Selbstverständlichkeit, mit der Charlie sein Bettuch als Poncho benutzt und Jackie seine Pfannkuchen abzählt, als handle es sich dabei um Banknoten, sind weitere Beispiele für Chaplins Kunst, durch kleine Details eine jahrelange Entwicklung oder eine Situation in kürzester Zeit unmißverständlich zu charakterisieren.
Chaplin hatte schon vorher die Filme Griffiths, der ihm als einer von wenigen in dieser Fähigkeit gleichkam, genau studiert. *The Kid* zeigt deutlich, wie sehr nicht zuletzt dieser Einfluß Chaplins Fähigkeit, das Pathos durch eine unpathetische Konzentration auf das Detail glaubwürdig und wirkungsvoll zu gestalten, entwickeln half. Leider hat er von Griffith auch eine Vorliebe für gelegentlich überstarke Symbole übernommen, worauf Enno Patalas in einer Kritik dieses Films zu Recht verweist.[71] Ein Buch, dessen Titel »The Past« die Vergangenheit der Mutter symbolisiert, wird bei dem Kapitel »Reue« aufgeschlagen. Als ihr Freund sie verstößt, wird dies dargestellt, indem er scheinbar versehentlich ihr Bild ins Feuer wirft, und eine Hochzeit wird dadurch als nicht sehr vielversprechend gekennzeichnet, daß der Bräutigam eine Rose zertritt.
The Kid und *City Lights* gelten all jenen als

»The Kid«: Jackie Coogan, Chaplin

Chaplins Meisterwerke, die die Bewältigung des Pathos für seine größte Errungenschaft halten. Zu ihnen gehört auch Chaplin selbst, der bis in die jüngste Zeit *The Kid* einen seiner Lieblingsfilme genannt hatte.

Die große Leistung, die den Film von allen anderen Filmen Chaplins abhebt, ist allerdings nur mittelbar die seine. In Jackie Coogan, der mit diesem Film eine erstaunliche Karriere als Kinderstar begann, fand Chaplin einen Partner, der ihm in jeder Hinsicht ebenbürtig war. Sergej M. Eisenstein hat eine längere Studie über

Chaplin,
Edna Purviance,
Lillian McMurray,
Lita Grey in
»The Idle Class«

die These geschrieben, Charlie sei in Wahrheit ein großes Kind.[72] Nirgendwo wird dies deutlicher als in diesem Film. Denn nicht nur ist das Kind »ganz der Papa«, auch Charlie wird dem Kind immer ähnlicher. Im Spiegel des kleinen Jungen erscheinen die Eigenschaften des großen noch klarer. Die sichtlich enge Verbindung dieser beiden nicht nur Gleichgesinnten, sondern auch Gleichgearteten vervielfacht die Wirkung, die jeder von ihnen einzeln hatte oder nach diesem Film wieder haben sollte. Chaplin, der auch in anderen Filmen seine Partnerinnen zu Darstellungen bringen konnte, die sie niemals wieder erreichten, gelang mit diesem vier Jahre alten Kind seine beste Arbeit als Regisseur.

Obwohl »The Kid« ein großer Erfolg geworden war, waren damals meine Probleme noch nicht gelöst, denn ich mußte der First National noch vier Filme liefern. In stiller Verzweiflung wanderte ich durch die Requisitenräume und hoffte, dort irgend etwas zu finden, das mir neue Anregungen geben könnte. Da lag so allerhand herum: Teile aus alten Szenenaufbauten, eine Gefängnistür, ein Klavier oder eine Wäschemangel. Mein Blick blieb an ein paar alten Golfschlägern hängen. Das ist es. Der Tramp spielt Golf – »The Idle Class«. Die Geschichte war einfach. Der Tramp geht all den Vergnügungen der Reichen nach. Er fährt in den Süden, um dort die Wärme zu genießen, aber er reist unter den Eisenbahnen und sitzt nicht wie die anderen im Waggon. Er spielt Golf mit Bällen, die er auf dem Golfplatz findet. Auf einem Kostümfest mischt er sich unter die Reichen und lernt in seinem Kostüm als Tramp ein schönes Mädchen kennen. Das romantische Abenteuer mißglückt, mit knapper Mühe entgeht er dem Zorn der anderen Gäste und begibt sich wieder auf die Wanderschaft.[73]

Dieser Film, der lange Zeit ebenfalls als ein schwächeres Werk Chaplins galt, enthält in der Parallelisierung der beiden müßigen Klassen, der Reichen und der Tramps, einige von Chaplins bissigsten Sequenzen. Er selbst spielt in Vorwegnahme des Motivs aus *City Lights* sowohl den Tramp als auch den alkoholseligen Reichen, was zu folgenreichen Verwechslungen führt. Auch wenn es nicht beabsichtigt sein mag, ist es ein schöner Kommentar Chaplins, daß er ausgerechnet diesen Film für eine Festvorführung anläßlich seiner Rückkehr nach

New York auswählte, wo die heutigen Vertreter der müßigen Klasse ihm ihre Aufgeschlossenheit zu demonstrieren suchten, gleichzeitig jedoch vor allem an dem sensationellen Ereignis partizipieren wollten und sich danach drängten, das mit dem Erwerb der teuersten Karten erworbene Recht wahrzunehmen und an dem fremden Herrn vorbeidefilieren und seine welken Hände schütteln zu dürfen. Natürlich wurde die Vorführung ein triumphaler Erfolg.

Den Versuch, danach *eine Filmburleske über den einträglichen Beruf eines Installateurs*[74] zu machen, brach Chaplin nach kurzer Zeit ab. Er fühlte sich erschöpft, ausgelaugt und trat seine erste Europa-Reise an. Dabei badete er in seinem Ruhm, traf berühmte Leute und nutzte die Privilegien, die ihm seine Arbeit eingebracht hatte, voll aus. Dazu gehörte wohl auch die Veröffentlichung eines Buches mit dem Titel *My Trip Abroad*[75], in dem er diese Reise beschrieb und das wohl wenigen außer ihm abgenommen worden wäre. Es zeigt, wie auch später seine Autobiographie, einen von berechtigtem Stolz erfüllten Star, der aus den ärgerlichsten Verhältnissen eine Ebene erklommen hatte, auf der er mit H. G. Wells über Geschichte, mit Sir James Barrie über Theater und Sir Philip Sassoon über Politik plaudern konnte. Es verrät, wie berühmt und gefeiert Chaplin in England und Frankreich war, während man ihn in dem sich noch vom Krieg erholenden Deutschland noch gar nicht kannte. Das Kapitel Chaplin und die Weltprominenz ist zu umfangreich, als daß man es in einem Absatz wiedergeben könnte, und für die Entwicklung des Filmemachers zu unbedeutend, um weiter darauf einzugehen.

Rechte Seite: Zu Chaplins Europa-Reise: Titelblatt von »Picture Show«

Nach seiner Rückkehr erfüllte Chaplin mit *Pay Day,* einer kleinen Komödie um den Alltag eines Bauarbeiters, und dem vieraktigen *The Pilgrim,* den ihm die First National als zwei Filme

Charlie Edits this Issue! (with a little help)
TWOPENCE.
OCT. 8th. 1921.
Picture Show
No. 128. Vol. 5.
CHARLIE WANTS TO CHAT WITH YOU! SEE INSIDE
CHARLIE'S CONTRIBUTIONS INSIDE:
Home Again.—Reminiscences of the London I left.—Pals I Left Behind me Over There.—Scenes *not* the Brightest from my Latest Photo-plays.—My Next Film, etc., etc.

gutschrieb, seinen Vertrag mit dieser Firma. *The Pilgrim* entstand womöglich aus einer Scharade, die Chaplin in einer Gesellschaft gezeigt hatte. Darin stellte er die Geschichte von David und Goliath dar. Der große Erfolg dieser Vorführung ließ ihn die Geschichte eines entsprungenen Sträflings dazu erfinden. Auf seiner Flucht tauscht dieser seine Kleider mit einem Priester. Der Zufall will es, daß er ausgerechnet in einer Kleinstadt aussteigt, wo man auf den neuen Priester wartet. Schließlich wird seine Identität jedoch entdeckt. Da er seinen guten Charakter aber schon vorher bewiesen hat, bringt der Sheriff ihn statt ins Gefängnis an die mexikanische Grenze, um ihm eine Chance zur Flucht zu geben. Als Charlie die Absicht des Sheriffs begreift, eilt er jubelnd in die Freiheit. Dabei wird er beinahe von ein paar mexikanischen Banditen getötet, die sich gerade eine Schießerei liefern. Da es ihn weder in die bleihaltige Luft Mexikos noch hinter die eisenhaltigen Mauern Amerikas zieht, wandert er mit je einem Fuß in je einem Land ins Unendliche.

»Chaplins Filme zeichneten sich schon immer durch ihre überwältigenden Schlußeinstellungen aus, in denen ihm unvergeßliche Bildmetaphern gelangen: Charlie auf der Grenzlinie zwischen Mexiko und USA entlangwandernd (*The Pilgrim*), Charlie auf einem zurückgelassenen Kasten sitzend, während rundum der Zirkus seine Zelte abbricht (*The Circus*), Charlie wird von dem nunmehr sehenden Mädchen als ihr Wohltäter erkannt (*City Lights*), usw.«[76], schrieb ein Kritiker. Seine Schlußbilder zeigen Chaplin aber nicht nur als Meister der Metapher, sondern auch als Kenner seiner Kritiker. Es ist sicher richtig, daß diese Bilder außerordentlich präzis das vermitteln, was ihnen an Gehalt aufgeladen worden ist. Gleichzeitig aber kann man bei Chaplin eine Tendenz erkennen, interpretationsfreudigen Kritikern zuliebe gehaltvolle Schlußbilder ohne Rücksicht auf den dahinführenden Filminhalt zu schaffen. Das vielgelobte Schlußbild von *The Pilgrim* ist vor allem ein Vorhangeffekt, selbst wenn er äußerst gekonnt an den Film angeschlossen ist. Aus der Handlung läßt sich nämlich kein vernünftiger Grund finden, warum Charlie nicht ein paar Meter weiter nach Mexiko gehen oder in Amerika bleiben sollte. Der Tramp hat oft genug bewiesen, daß er zwar überall uner-

»Pay Day«

wünscht war, es jedoch sehr gut zu kompensieren vermochte. Dies mag in diesem Fall noch eine Krittelei sein; schon hier aber ist deutlich die Richtung zu erkennen, in die Chaplins Vorliebe für effektvolle Schlußbilder abgleiten sollte.

Noch in *The Tramp* schüttelte dieser sehr schnell die Gedankenschwere von seinen Füßen und ging so in die Totale, wie er aus ihr gekommen war. Der Kreis, der sich in diesem Film noch schloß, wurde in *Modern Times* von dem berühmtesten aller Chaplinschen Schlußbilder gesprengt. Statt an seinen Ausgangspunkt zurückzukehren, reift der Tramp hier vom Mitglied einer Schafherde zum einzelnen, zusammen mit seinem Mädchen das Bild und die Straße beherrschenden Wanderer heran. Dieser optimistische Schluß ist zwar sehr schön, widerspricht in seiner Gloriole jedoch dem Verlauf des Films. In *The Great Dictator* erfährt dieser Hang zur Apotheose schließlich seine Verzerrung ins Groteske. Das Bild von Paulette Godard, die mit feucht-verklärtem Marienblick dem Klang der aus dem Himmel kommenden Stimme ihres Friseurs lauscht, erreicht in seiner Weltflucht oberammergausches Format. Der Realismus, auf den Chaplin immer mehr aus war, ist hier sein ärgster Feind, weil Chaplin nicht konsequent genug war, die Theatereffekte gleichzeitig mit den stilisierten Typen seiner Anfangszeit aufzugeben.

Goldrausch

Mit der Erfüllung des letzten Vertrags, der ihn an eine fremde Firma band, war Chaplin endgültig frei. Als erstes erfüllte er sich nun einen Traum, der ihn schon länger verfolgt hatte. Er wollte einmal nicht in einem Film spielen, nicht den Erfolg des Tramps als sichere Stütze haben, sondern sich nur als Regisseur betätigen. Chaplin selbst hatte sich schon länger mehr als Regisseur denn als Schauspieler gesehen: »Ich stellte nun, wie eigentlich schon bei anderen Gelegenheiten fest, daß Charlie, wenn er über Filme sprach, bei denen er sowohl Darsteller als auch Regisseur war, sich mit dem Regisseur und nicht mit dem Schauspieler identifiziert. Er sieht sich nicht, wie wir ihn sehen, das heißt, als der kleine Tramp. Der kleine Tramp ist eine dritte Person, die er, der Regisseur, die Faustschläge des Glücks einstecken läßt, und so spricht er wirklich vor ihm«[77], schrieb Ivor Montagu. Er liebte es, als Regisseur nicht so direkt wie als Schauspieler der Aufmerksamkeit des Publikums ausgesetzt zu sein: *Ich denke, ich bin ein besserer Regisseur als ein Schauspieler. Das kommt vielleicht daher, daß jeder Schauspieler, gleich wie groß, sich sehr unsicher darüber ist, ob er eine Rolle spielen kann. Es liegt eine gewisse Erniedrigung darin, hinzugehen und vorzugeben, jemand anders zu sein. Man gibt ein tiefgreifendes Exposé seiner eigenen Persönlichkeit dabei. Und man ist jeden Moment verwundbar.*[78]

Nicht zuletzt aber wollte Chaplin auch seiner treuen Partnerin Edna Purviance die Chance

Chaplin und Mack Swain in »The Pilgrim«

geben, in einer Hauptrolle ihr Talent zu beweisen, um andere Engagements zu erlangen. Er selbst hatte nämlich keine Verwendung mehr für sie, denn *wenn auch unsere Gefühle sich abgekühlt hatten, interessierte ich mich doch noch für ihre Laufbahn im Film. Betrachtete ich aber Edna objektiv, mußte ich erkennen, daß sie nun recht matronenhaft aussah. In dieser Verfassung besaß sie nicht mehr die richtige Art von Weiblichkeit, wie ich sie für unsere Filme brauchte. Außerdem wollte ich meine Ideen und Charaktere nicht mehr allein von den Grenzen bestimmen lassen, die durch eine Lustspielgesellschaft gesetzt sind.*[79]

Bei der Wahl des Stoffs beschäftigte sich Chaplin zunächst mit dem trojanischen Krieg, dann mit einer Idee, die ihn immer wieder reizte und die vielleicht die Grundlage für einen der größten Filme ist, die nie gedreht wurden: Napoleon. »In Chaplins Version sollte nicht Napoleon, sondern sein Double nach St. Helena geschickt werden. Der wahre Napoleon, der in Paris ein ruhiges Leben führt, wird Pazifist, brütet ein perfektes System für den Weltfrieden aus und setzt zu einem Staatsstreich an, um die Welt zu erlösen. Im entscheidenden Augenblick erreicht ihn die Nachricht vom Tod seines Doubles, was seinen Plan ruiniert. In der letzten Szene, in der der wahre Napoleon, nun ein Tramp, den niemand erkennt, an der Seine entlanggeht, während seine Asche zurückgebracht wird, um im Invalidendom zu ruhen, verabschiedet er sich mit einem großartigen Witz: ›Die Nachricht von meinem Tode bringt mich um.‹«[80]

Chaplin sah diesen Film als Tragödie. Für die Rolle der Joséphine hatte Chaplin nacheinander Edna Purviance, Lita Grey, Merna Kennedy, Paulette Goddard und sogar Greta Garbo in Erwägung gezogen. Winston Churchill hatte einen Gag beigetragen: der nackt in seiner Badewanne liegende Napoleon macht seine Generale lächerlich, indem er sie vollspritzt.[81] Schließlich aber blieb das Projekt unverwirklicht. »Vermutlich hatte Dad schon seine Napoleon-Idee in *The Great Dictator* verwirklicht, nur hatte Hitler Napoleons Platz dabei eingenommen.«[82]

Die Idee zu dem Film, den er schließlich drehte, erhielt Chaplin von Peggy Hopkins Joyce, einer seiner attraktiven Bekanntschaften. Ihre Schilderung eines ihrer Liebesabenteuer inspirierte

Chaplin zu *A Woman of Paris*. Um diesen Film, der seit seiner ersten Aufführungsserie nicht mehr zu sehen war, ranken sich zahlreiche Legenden, wonach er die Geschichte des Films fast so sehr beeinflußt haben müßte wie zehn Jahre zuvor Griffiths »The Birth of a Nation«. Walter Benjamin nannte ihn eine »Stiftungsurkunde der Filmkunst«[83]. Hermann G. Weinberg schrieb in seiner Biographie Ernst Lubitschs, dessen Filme wesentlich von diesem Werk beeinflußt wurden: »Seine Wirkung war elektrisch: ein wichtiges Element der Filmregie in Amerika war von diesem Tage an nicht mehr dasselbe. Bald verbreitete sich in den europäischen Hauptstädten die Nachricht, daß der amerikanische Film mit zwei Filmen, »Foolish Wives«[84] und *A Woman of Paris*, erwachsen geworden war.[85]

Adolphe Menjou, Chaplins Hauptdarsteller, wurde durch diesen Film zur Verkörperung des eleganten und skruppellosen Weltmannes, als den ihn auch Lubitsch in »The Marriage Circle«[86], der unter dem Eindruck von *A Woman of Paris* entstand, einsetzte.

Der Film erzählt die Geschichte Maries, die mit ihrem Freund Jean aus der Provinz nach Paris fliehen will, jedoch allein reist, als dieser wegen einer plötzlichen Erkrankung seines Vaters weder zum Bahnhof kommt noch sie informiert. In Paris wird sie die Geliebte eines Lebemannes. Jean, inzwischen als ein hoffnungsvoller Maler in Paris lebend, will sie dennoch zu sich nehmen. Als sie jedoch ein Gespräch belauscht, in dem seine Mutter ihm von der Ehe mit einem ausgehaltenen Mädchen abrät, verzichtet sie auf ihn und kehrt zu ihrem reichen Freund zurück. Jean begeht aus Verzweiflung Selbstmord. Seine Mutter will sich an Marie rächen, verzeiht ihr aber, als sie deren echte Trauer bemerkt, und nimmt sie mit sich.

»A Woman of Paris«: Edna Purviance und Adolphe Menjour

Eines Tages begegnen sich auf einer Straße ein Heuwagen, auf dem Marie sitzt, und ein Rolls-Royce, in dem ihr ehemaliger Gönner gerade gefragt wird, ob er jemals wieder etwas von Marie gehört habe. Während sie fröhlich an ihm vorbeifährt, verneint dieser die Frage. Weinberg berichtet, daß Chaplin für Europa ein weniger versöhnliches Ende gedreht habe, in dem das Mädchen nach dem Tod des Malers eine pragmatische Haltung eingenommen habe und zu ihrem reichen Freund zurückgekehrt sei. Ein solcher Schluß wäre damals in den USA undenkbar gewesen.

Es gab Kritiker, die behaupteten, daß man im Stummfilm keine psychologischen Probleme darstellen könne. Im Stummfilm könne man nur ganz vordergründige Handlungen zeigen: Der Held biegt seine Dame über einen Baumstamm und atmet feurig in ihre Mandeln hinein, oder Stühle fliegen durch die Luft, und andere Knock-out-Roheiten geschehen. Das seien die einzigen Ausdrucksmöglichkeiten des stummen Films. »A Woman of Paris« war daher für mich eine Herausforderung. Ich beabsichtigte, psychologische Dinge durch ein subtiles Spiel deutlich zu machen.[87]

Bei der Erfüllung dieser selbstgestellten Aufgabe griff Chaplin mit Vorliebe auf das Mittel indirekter Darstellung zurück. Die Ankunft eines Zuges wird durch Schatten suggeriert, die über das Bild ziehen. Als Maries Zimmermädchen in deren Schlafzimmer eine Schublade öffnet, fällt eine Manschette zu Boden, wodurch Jean auf die Art ihrer, Maries, Beziehung zu dem anderen Mann schließen kann. Bei einer wilden Party erscheint, von einem Mann geführt, ein nur in Bandagen eingewickeltes Mädchen. Der Mann wickelt sich das lose Ende der Bandage um den Bauch, und beide beginnen sich zu drehen. Danach sieht man nur noch, wie die Bandage um seinen Bauch immer dicker wird und die übrigen Gäste ihre Freude haben.

Seit Chaplins Erfolg mit diesen Mitteln sind sie jedoch so häufig zitiert und imitiert worden, daß sie zu Schablonen wurden und heute nicht mehr besonders subtil erscheinen. Da Chaplin jedoch gerade darin sein Ziel sah, ging dem Film mit dem Verlust seiner Originalität jegliche innere Motivation verloren, und es erscheint verständlich, wenn er selbst einen so eingefleischten Stummfilmfreund wie den amerikanischen Filmhistoriker William K.

Everson kalt läßt. Nachdem der Film jahrzehntelang als verschollen galt, tauchte kürzlich eine Kopie auf, über die Everson schrieb:
»Da saß ich nun, mich an einem Film weidend, auf den ich (konservativ) dreißig Jahre lang gewartet hatte – und mußte mit mir kämpfen, um wach zu bleiben. Am nächsten Tag waren die Erinnerungen fast verschwunden. Natürlich mußte der Film noch einmal vorgeführt werden, wenn ich vollkommen frisch, belebt und kampfbereit war. Es ist traurig, aber ich muß gestehen, daß der Effekt beim zweitenmal genau derselbe war ... Der Film wirkt nicht, weil er nicht überzeugt ...
Wie in *Monsieur Verdoux* ist der französische Hintergrund nur skizzenhaft und vermittelt überhaupt kein Gefühl von Zeit und Ort. Von einer oder zwei atmosphärisch ausgeleuchteten Innenaufnahmen abgesehen, hätte der Film irgendwo in Amerika spielen können. Tatsächlich drängt sich die Vermutung auf, daß der Film nur deshalb in Frankreich angesiedelt wurde, weil der Ort automatisch eine Art eingebauter Freizügigkeit bot und weil das amerikanische Publikum sonst eine im wesentlichen ehrliche Geschichte über die Abenteuer eines Mannes und seiner Geliebten nicht akzeptiert hätte, bei der nicht frohe Hochzeitsglocken das Ende einläuten.«[88]
Ungeachtet einer gewissen Berechtigung dieser Kritik wäre es jedoch sehr bedauerlich, wenn der Film weiterhin einem größeren Publikum verschlossen bliebe, zeigt er doch wie kein anderer Chaplins außerordentliche Fähigkeiten auf dem Gebiet der Filmregie und der Handlungskonstruktion. Wie niemals sonst interessierte sich Chaplin bei diesem Film für die Möglichkeiten des Lichts, variierte er Einstellungen, bemühte sich um eine sorgfältige Bildkomposition auch in Sequenzen, denen keine

»The Gold Rush«. Auf dem Tisch stehend: Georgia Hale

Schlüsselstellung in der Handlung zukam. Unter rein optischen Gesichtspunkten ist *A Woman of Paris* Chaplins aufregendster und gelungenster Film.

Sieht man einmal davon ab, daß sie ihre Aktualität verloren hat, enthält der Film auch die am besten konstruierte und überzeugendste Geschichte, die Chaplin je verfaßt hat. Als René Clair schrieb, Chaplin sei »unser größter Filmautor, von dem künftige Szenaristen lernen sollten«[89], bezog er sich vor allem auf diesen Film. »Ich weiß nicht«, fuhr Clair fort, »ob ich sie zehn- oder zwölfmal gesehen habe, diese Szenen. Aber jedesmal bestürzt mich von neuem ihr richtiges Maß, ihr Ineinanderfließen, ihre Schwerelosigkeit. Die meisten Filme rufen Gemütsbewegungen durch komische oder dramatische Überraschungen hervor. In *A Woman of Paris* dagegen keine Gags.

Über der harmlos plätschernden Handlung waltet jedoch eine Fatalität, die erschütternder ist als Theatercoups. Ich kenne diese Szenen bis in alle Einzelheiten; dennoch packt mich ihre großartige Menschlichkeit immer wieder.«[90]

A Woman of Paris war nur ein mäßiger Erfolg beim zahlenden Publikum, das Charlie sehen wollte und nicht den Regisseur Chaplin, der in seinem Film nur kurz als Gepäckträger auftritt. Dennoch wurde Chaplin, noch bevor er mit seinem nächsten eigenen Film an die Öffentlichkeit trat, zum Initiator eines weiteren ernsten Films und damit zum Urheber einer womöglich noch größeren Legende um ein unbekanntes »Filmkunstwerk«.

Während seiner Europa-Reise hatte Chaplin in einer Verfilmung von H. G. Wells' »Kipps«, die er nicht mochte, einen Schauspieler gesehen, den er recht bemerkenswert fand, und ihm dies auch gesagt. George K. Arthur, so hieß der damals Zweiundzwanzigjährige, hatte Wells und Chaplin durch einen Trick in seinen Film gelockt, indem er diesem erzählte, Wells bäte um seine Anwesenheit bei der Vorführung, während er Wells das gleiche in Chaplins Namen bestellen ließ. Ähnlich pfiffig arbeitete Arthur mit Chaplins Namen, als er nach Amerika kam und dort Geld aufzutreiben suchte, um mit einer unbekannten Darstellerin und einem unbekannten Regisseur einen billigen Film herstellen zu können. »The Salvation Hunters«, so hieß der Film, erregte aber kein Aufsehen. Arthur besorgte sich daraufhin ein zweites Mal Chaplins Empfehlung, indem er dessen Vorführer bestach, diesem »aus Versehen« den Anfang seines Films zu zeigen. Statt sich zu beschweren, zeigte sich Chaplin begeistert von dem Film, dessen Regisseur wegen der Geldknappheit mit experimentellen Mitteln hatte arbeiten müssen. Er machte für den Film Reklame, um die Geschäftswelt zu interessieren, und ließ ihn durch die United Artists vertreiben. Für die drei Hauptbeteiligten bedeutete dies einen vielversprechenden Start: Der Hauptdarsteller, Arthur, wurde ein erfolgreicher Komiker; die Hauptdarstellerin, Georgia Hale, wurde in Chaplins nächstem Film *The Gold Rush* seine Partnerin, und dem Regisseur, Josef von Sternberg, gab Chaplin den nächsten Film von Edna Purviance in Auftrag.

Josef von Sternberg berichtet in seinen Memoiren nur dies: »Der Arbeitstitel des Films lautete »The Sea Gull« [Die Möwe], doch bestand kein Zusammenhang mit Tschechows Drama. Der Film basierte vielmehr auf einer von mir geschriebenen Geschichte über einige Fischer an der kalifornischen Küste. Als der Film beendet war, zeigte ich ihn genau einmal in einem Theater. Er hieß nun *A Woman of the Sea,* und das war auch das Ende der ganzen Geschichte. Der Film wurde prompt in Mr. Chaplins Gewölbe zurückgebracht, und niemand hat ihn je wieder gesehen.«[91] Sternberg ist nicht zu Unrecht stolz auf die Tatsache, daß er der einzige Regisseur ist, der mit Chaplin als Produzent einen Film machen durfte. John Grierson, der große Dokumentarfilmregisseur, und Robert Florey, der einer der besten Chronisten Hollywoods ist und auch Chaplins Regieassistent war, schildern den Vorgang etwas anders:

»Die Story war von Chaplin und recht menschlich: schuftende und schwitzende Fischer und ihre einfachen Lebens- und Liebesgewohnheiten. Ichbezogen, wie er war, sah Sternberg den Film natürlich nicht so wie Chaplin. Statt dessen spielte er mit dem Symbolismus der See, bis Fischer und Fische vergessen waren. Natürlich hätte auch so eine der chaplinschen Konzeption ebenbürtige Version entstehen können, aber Sternberg begann wohl an sich selbst zu zweifeln. Er wollte erfolgreich sein, und genau das war der Weg zum Mißerfolg. Das Resultat war weder Chaplins noch Sternbergs Version. Es war eine seltsam schöne und leere Angelegenheit – möglicherweise der schönste Film, den ich je gesehen habe: Netze, See, Haar, das im Wind weht. Wenn ein Regisseur stirbt, wird er zum Fotografen.«[92]

»Als Sternberg seine Fassung fertiggestellt hatte, rief er mich und eine Reihe von anderen Filmemachern und Presseleuten an und lud uns ein, den Film in einer privaten Vorführung an-

Kälte und Hunger (»The Gold Rush«)

zusehen. Es war ein sehr schöner Film, sehr einfallsreich. Aber er war seiner Zeit viel zu weit voraus. Heute würde der Film mit Sicherheit sehr hochgeschätzt werden. Es war ein richtiger Sternberg-Film, viel besser und nicht so statisch wie »The Salvation Hunters«. Es stimmt nicht, daß das Publikum dieser Vorstellung den Film nicht mochte, aber einige waren der Meinung, daß er für das Publikum zu schwierig sei. Als Chaplin von dieser Vorführung erfuhr – Sternberg hatte sie ohne sein Wissen arrangiert – wurde er wütend und zog den Film zurück. Er hatte ihn ohnehin nicht sehr gemocht, weil er ihm zu ernst war. Vielleicht war er auch sauer, weil Edna Purviance in dem Film so viel besser aussah als in *A Woman of Paris*. Vermutlich hat er noch versucht, den Film in seinem Sinn zu bearbeiten, aber er hat ihn nie wieder gezeigt. Er hat die Produktionskosten einfach abgeschrieben und den Film in seinem Keller vergraben.«[93]

Wie man weiß, hat Chaplin hervorragende Kopien aller seiner Filme einschließlich der geschnittenen Szenen aufbewahrt. Für ihn und vor allem für seinen Bruder Sydney, der ihn laut Chaplins Kameramann Roland Totheroh dazu veranlaßt hat, wäre es äußerst untypisch, wenn sie tatsächlich das Negativ und alle Kopien dieses Films vernichtet hätten, wie Chaplin gesagt haben soll. Es besteht also begründete Hoffnung, daß dieser Film eines Tages doch wieder auftauchen und man sich ein eigenes Urteil darüber wird bilden können.

Chaplin bereitet während dieser Zeit den Film vor, mit dem er sein Publikum zurückzugewinnen und den Erfolg von *The Kid* zu übertreffen hoffte:

Ich sagte mir unablässig: »Der nächste Film muß ein Epos werden. Das größte!« Aber kein Einfall wollte sich einstellen. Als ich dann aber eines Sonntagmorgens bei den Fairbanks saß, wo ich das Wochenende zubrachte, und mir stereoskopische Aufnahmen ansah, bekam ich Bilder von Alaska und Klondike zu Gesicht. Eine Aufnahme zeigte den Chilkoot-Paß und eine lange Reihe von Goldschürfern, die den vereisten Abhang hinaufkletterten. Eine Inschrift auf der Rückseite gab eine Beschreibung der Schwierigkeiten und Entbehrungen, denen man ausgesetzt ist, wenn man den Paß überwinden will. Das war, so glaubte ich, ein wunderbares Thema, stark genug, um meine Einbildungskraft anzuregen. Sofort entwickelten sich Ideen und komische Situationen, und obwohl ich keine Geschichte hatte, begann sich bildhaft eine zu entwickeln.[94]

Ich hatte bei »The Gold Rush« scheußliche Probleme damit, ihn zu motivieren. Man sagt sich: »Was tust du? In ›The Gold Rush‹ findest du Gold. Na und? Was geschieht dann?« Wie verdammt stumpfsinnig sind doch all diese Geschichten über den großen Norden und Alaska. Und um daraus eine Komödie zu machen, dachte ich an Schnee. Ich dachte an Frieren und daß er seine Socken abnimmt und sie stehen starr und die Hosen stehen steif und all das. Aber was geschieht danach? Dann geriet ich an eine einzige Situation: Hunger. Ich kam darauf, als ich von der Donner-Expedition gelesen hatte, die in den Bergen im Schnee ihren Weg verfehlte. Die Leute verhungerten, es gab Kannibalismus, Schuhbänder und was sonst noch wurden gegessen. Und ich dachte: »O ja, da ist etwas Komisches dran.«[95]

In *The Gold Rush* nimmt Chaplin den Tramp zum erstenmal seit dem Traum in *His Prehistoric Past,* der ohnehin nur eine Projektion seiner Erfahrungen darstellte, aus der seinem Publikum vertrauten modernen Welt heraus und setzt ihn in eine abstrakte, eintönige Welt, in der nur

noch Extreme herrschen. Daher wird auch der Tramp auf instinktive Elemente reduziert: Unschuld und Hunger.
Unschuld: Wenn Charlie einen schmalen Pfad am Abhang des Berges entlanggeht, verfolgt ihn ein Bär. Statt nun, was der Zuschauer erwartet, eine Jagd zu inszenieren, läßt Chaplin die beiden einander einfach nicht wahrnehmen. Dies ist nicht nur komischer, sondern offenbart gleich zu Beginn Charlies Unschuld angesichts der extremen Umwelt. Ebenfalls seiner unschuldigen Mißachtung der Realitäten des Lebens entspringt seine Liebe zu einer Prostituierten, deren Ruf und Beruf er weder kennt noch wahrnehmen will.
Hunger: Die Unternehmungen des Tramps waren schon immer vom Hunger oder der Bemühung, ihn zu vermeiden, bestimmt gewesen. In *The Gold Rush* bringt der extreme Hunger noch eine Steigerung, indem nicht nur Charlies

Werbung für einen Chaplin-Film in China

Handlungen, sondern auch die der anderen um das eine Bedürfnis ESSEN kreisen. Um dies eindringlich zu gestalten, griff Chaplin wieder auf sein bewährtes Rezept zurück, sich angesichts einer irrealen Situation möglichst normal zu benehmen. Als Charlie, der gerade seinen eigenen Schuh gekocht hat, sich das größere Stück auftischt, tauscht sein neidischer Partner einfach die Teller aus, was nicht nur komisch, sondern auch realistisch ist. Danach verbindet Chaplin dieses Stilmittel mit einer komischen Transposition und krönt die Szene, indem er die Schuhbänder wie Spaghetti um seine Gabel wickelt und die Sohlennägel wie köstliche Knochen bis auf den letzten Rest ablutscht, worauf er seinem Partner einen dieser Nägel hinhält, als sei es der Wunschknochen eines Huhns. Diese kleine Geste rührt um so mehr, wenn man weiß, daß Charlie bald darauf selbst für ein Huhn gehalten wird und sich vor Schreck auch wie eines benimmt, indem er aus Angst vor seinem Partner dessen Gewehr mit den Krallen verscharrt.

Die Darstellung des Hungers als unmenschlicher Zustand, in dem menschliche Gefühle kannibalistischen Anwandlungen weichen, ermöglicht es Chaplin, das Gegenteil, den reichlich gefüllten Tisch, nicht als ein Sinnbild für Völlerei, sondern für Liebe zu verwenden.

»Einer der anrührendsten Momente von *The Kid* ist es, wenn das Kind für sich und seinen ›Vater‹ das riesige Frühstück zubereitet. In *The Gold Rush* ist der goldbraune Truthahn der Beitrag des Tramps, wenn auch nur im Traum, zu einer Atmosphäre, in der Menschen menschlich sein können. Chaplins Vorstellung von einer niedrigen und entmenschlichten Situation zeigt sich nicht im Hunger, sondern im Affront gegen die volle Tafel. In *Modern Times* wird der Tramp an eine automatische Fütterungsmaschine angeschnallt, die genug Essen, aber kein Gefühl bietet«[96], schrieb Stanley Kauffmann zu *The Gold Rush*.

Die Reduzierung auf Wesentliches bringt aber auch ein Moment der Irritation in den Film. Was dem Tramp hier nämlich deutlich fehlt, eigentlich immer gefehlt hat, ist ein nachvollziehbares Lebensziel, das über den großen Wunsch, den Augenblick zu überstehen, hinausgeht, wie Siegfried Kracauer feststellte: »Die Goldjäger, unter denen er auftaucht, haben einen Willen, sie machen sich Gold und Weiber streitig, rüde Giganten, wie sie in den Abenteuerbüchern stehen. Er hat keinen Willen; an der Stelle des Selbsterhaltungstriebs, der Machtgier, ist bei ihm eine einzige Leere, die so blank ist wie die Schneefelder Alaskas. Andere Menschen haben ein Ichbewußtsein und leben in menschlichen Beziehungen; ihm ist das Ich abhanden gekommen. Darum kann er, was so leben heißt, nicht miterleben. Er ist ein Loch, in das alles hereinfällt; das sonst Verbundene zersplittert in seine Bestandteile, wenn es unten in ihm aufprallt.«[97]

Vielleicht ist es die konsequenter denn je betriebene Loslösung von einem nachvollziehenden Hintergrund, die es dem Tramp von *The Gold Rush* ermöglicht, mehr noch als in anderen Filmen die Identifikation des Publikums auf sich zu ziehen, das zu sein, »was wir glauben, sein zu sollen«[98]. Mit einigem Recht wird *The Gold Rush* am häufigsten genannt, wenn die unmöglich zu beantwortende Frage nach Chaplins bestem oder typischstem Film gestellt wird.

Die Arbeiten zu diesem Film mußten, nachdem sie schon ziemlich weit fortgeschritten waren, abgebrochen und neu begonnen werden, weil sich herausstellte, daß die sechzehnjährige Lita Grey, die die Rolle der Prostituierten spielen sollte, schwanger war. Chaplin sah sich von ihrer Mutter gezwungen, das Mädchen zu heiraten. Wieder fühlte er sich in einer Ehe wider Willen gefangen, und erneut ergaben sich ähnliche Schwierigkeiten wie schon in der ersten Ehe. Mit seiner zweiten Frau hatte Chaplin zwei Söhne, Charles jr. und Sydney, die später mehr bei ihrem Vater als bei ihrer Mutter lebten und von diesem gelegentlich Rollen in seinen Filmen erhielten.

Die Scheidung entwickelte sich, nachdem die Rechtsanwälte Lita Greys sie mit einer gigantischen Anklage eingereicht hatten, in der Chaplins Perversion und Tyrannei gegeißelt wurden, zu einem ungeheuren Skandal, der zu einer ersten Hexenjagd auf Chaplin führte. Diese Affäre diente Hollywoods Studios als Vorwand, die berüchtigte Moralklausel in ihre Verträge einzuführen, die es ihnen erlaubte, ihre Kontraktpartner wegen ungebührlichen Privatlebens zu entlassen. Hauptsächlich allerdings wurde die Klausel Ende der vierziger Jahre dazu benutzt, als Kommunisten verdächtige Personen loszuwerden.

Wie nach seiner ersten Ehe die Kopie von *The Kid,* mußte Chaplin nun die Kopie von *The Circus* vor den Ansprüchen seiner Frau und ihrer Interessenvertreter schützen. Chaplin selbst berichtet fast nichts über diese Ehe, während Lita Grey einen dicken, wegen seiner freizügigen Passagen aufsehenerregenden Memoirenband veröffentlichte, der zwar ihre Position verständlicher machte, aber mindestens ebensoviel unklar ließ wie Chaplins Kargheit: *Während der Aufnahmen zu »The Gold Rush« heiratete ich zum zweitenmal. Da wir zwei erwachsene Söhne haben, die ich sehr liebe, möchte ich mich nicht mit den Details beschäftigen. Wir waren zwei Jahre lang verheiratet und versuchten unser Bestes, doch es war hoff-*

nungslos und endete mit einer Menge Bitterkeit.[99] Da ein Ausführen dieser Geschichte wenig mehr erbringen würde als eine Wiederholung der Beschreibung von Chaplins erster Ehe und die Schilderung des gewaltigen Ausmaßes, das der Scheidungsskandal schließlich annahm, sei auch hier mit dieser Feststellung dem Vorgang Genüge getan.

Es wundert nicht, daß der Film, den Chaplin während dieser Zeit drehte, von ihm als weniger gelungen bezeichnet wurde. Tatsächlich aber ist *The Circus* der späte Höhepunkt seiner vor allem komischen Filme aus der Zeit der Keystones bis hin zu den First Nationals. Nicht, daß es ihm an Tiefgang fehlte. Im Gegenteil unternimmt es Chaplin in diesem Film, seine eigene Kunst zu untersuchen und die Ursache ihres Erfolgs zu analysieren.

Dazu »demonstriert Chaplin an Hand eines anderen Komödienstils die Einzigartigkeit seiner Komik. Die Keystone-Cops-Verfolgungsjagd, mit der der Film eröffnet wird, löst sich bald in Chaplins intimere Komödie der Blicke, Gesten und Gefühle auf ... Der Kontrast zwischen beiden Stilarten findet in der Szene Ausdruck, in der die Clowns Charlie ihre Wilhelm-Tell-Nummer beibringen wollen. Als sich der Clown mit dem Bogen umdreht, beißt der andere verstohlen in den Apfel und legt ihn sich wieder auf den Kopf. Komisch vielleicht, aber ohne die verrückte Logik und die ruhige Wärme von Chaplins Kunst. Charlies Version dieser Nummer kritisiert und korrigiert auf subtile Weise die vorherige Fassung. Als der Bogenschütze sich umdreht, beißt Charlie in den Apfel, und sein Gesicht erstarrt. Der andere Clown fragt verwirrt nach dem Grund. Charlies Zeigefinger antwortet mit einer Pantomime: ein Wurm im Apfel. Plötzlich ist ein anonymes Komödienrequisit ein besonderes und eigen-

Merna Kennedy, Chaplin, Henry Bergman in »The Circus«

ständiges Objekt, ein Teil der physischen Welt mit einer eigenen Persönlichkeit geworden. Der komische Dreh wird lebensechter, wenn der Schmerz als echt erkannt wird; vielleicht ist dies die Grundlage von Chaplins Kunst.«[100]
Ähnliches ist in der nachfolgenden Sequenz zu beobachten, in der Charlie nicht nur seinen Abscheu vor Sahne-Schlachten dokumentiert (schon in *Behind the Screen* hatte er es sorgfältig vermieden, getroffen zu werden, und gerade dies zum Angelpunkt seiner Komik gemacht), sondern zeigt, daß erst die unabsichtlich erscheinende Komödie die wirklich gute ist. Als er schließlich doch die Sahne ins Gesicht bekommen hat, spielt er, der bis dahin dem Text gefolgt und kaum komisch war, die Szene bis zum Äußersten aus und krönt sie, indem er den nichtbeteiligten Zirkusdirektor »anschmiert«. Das Resümee ist deutlich und wird in dem Film immer wieder unterstrichen: wenn Charlie absichtlich komisch sein will, langweilt er, ist er aber wider Willen komisch, reißt

er die Zuschauer vor Begeisterung von den Stühlen. »... denn wenn er sich zu sehr Mühe gab, verpuffte die Wirkung«[101], so referierte Chaplins Sohn Charles ein Eingeständnis seines Vaters.

Über die Kommentare zur Komödie und zu Chaplins Kunst, die während des Films immer wieder auftauchten, wäre eine eigene Studie zu schreiben. Mit *The Circus* gelang Chaplin die überragende Komödie über die Komödie. Das mußte allerdings damit erkauft werden, daß Charlies Partner ungewöhnlich klischeehaft angelegt sind und daß auch das Pathos eine vergleichsweise untergeordnete Rolle spielt. Dies mag ein weiterer Grund dafür sein, daß Chaplin diesen Film nicht so sehr mochte, sieht man von den Umständen ab, unter denen er entstand. Um so ironischer mußte es ihm daher erscheinen, daß er ausgerechnet für diesen Film einen der zum erstenmal verliehenen Akademiepreise, der Oscars, erhielt: »... für die Vielseitigkeit und das Genie als Autor, Darsteller, Regisseur und Produzent von *The Circus*.«[102]

»Nach Dads Meinung war die Stiftung von Akademiepreisen albern ... Er erzählte uns, er habe anfangs seinem Oscar so geringen Wert beigemessen, daß er ihn als Türstopper benutzte ... Vermutlich hat sich seine Ansicht über den Wert des Akademiepreises mit den Jahren geändert.«[103]

Während der Vorbereitungen für seinen nächsten Film starb Chaplins Mutter. Er hatte sie kurz vor dem Start von *The Kid* nach Amerika kommen lassen, wo sie den Rest ihres Lebens unter sehr angenehmen Bedingungen verbringen konnte. Trotz intensiver Pflege war sie nie wieder in den Vollbesitz ihrer geistigen Kräfte gelangt. »Sie starb, ohne jemals zu wissen, daß der Welt größter Komiker ihr Sohn war.«[104]

»Von Freunden erfuhr ich, daß der Tod der Mutter bei meinem Vater eine mehrere Wochen anhaltende Lethargie ausgelöst hatte.«[105] Es ist bezeichnend, daß Chaplin in seinen Erinnerungen dieses Ereignis in die Entstehungszeit von *The Circus* verlegte.

Der große Diktator

Am 6. Oktober 1927 zog mit der Uraufführung des Films »The Jazz Singer«, dessen schauderhafter Stil für lange Zeit zum Muster der neuen Gattung wurde, ein neuer, sich absolutistisch gebärdender Diktator in Hollywood ein: der Tonfilm, dessen Einführung schon oft gescheitert war, begann sich endgültig durchzusetzen. Bereits *The Circus* lief gegen eine schnell ansteigende Welle von Tonfilmhysterie. Diese Filme, die vorerst nicht von Regisseuren, sondern von Toningenieuren gestaltet zu sein schienen, warfen die Entwicklung des Films auf ein primitives Stadium zurück: sie waren fast noch statischer als die Filme von Griffith. Ihre Drehbücher waren so unbeweglich wie die Tonfilmkameras, und realisiert wurden viele von filmunerfahrenen Regisseuren und Schauspielern, die wegen ihrer Erfahrung mit der Sprache eilends vom Broadway herangeschafft wurden und genauso scheiterten wie zehn Jahre vorher die Theatergrößen, die dem Film Prestige verleihen sollten und dabei nur das Theater diskreditierten.

Mary Pickford kennzeichnete diese Entwicklung am prägnantesten: »Es wäre logischer gewesen, wenn der Stummfilm aus dem Tonfilm erwachsen wäre anstatt umgekehrt.«[106] Auch Chaplin machte aus seiner Verachtung für das neue Medium keinen Hehl: *Ein guter Tonfilm ist schlechter als ein gutes Bühnenstück, während ein guter Stummfilm einem guten Bühnenstück überlegen ist.*[107] In einem anderen Interview sagte er: *Die Tonfilme? Sie können sagen, daß ich sie verabscheue. Sie kommen und zerstören die älteste Kunst der Welt, die Kunst der Pantomime. Sie zerstören das schöne große Schweigen.*[108] Bis heute hat Chaplin diese Ansicht kaum revidiert: *In der Pantomime, wenn sie gut ist, kann man mit allem davonkommen und es glaubwürdig machen. Die Bewegung ist der Natur nahe – so wie ein Vogel fliegt – und das gesprochene Wort ist das Peinliche. Die Stimme ist so verräterisch; sie bringt etwas Künstliches mit sich und reduziert jedermann auf ein gewisses Maß an Zungenfertigkeit, auf etwas Unwirkliches. Pantomime ist für mich ein Ausdruck von Poesie, komischer Poesie. Ich wußte, daß ich in den Tonfilmen viel von meiner Eloquenz verlieren würde ... Ich würde niemals meinen Tramp wiederauferstehen lassen. Er könnte nicht sprechen – wüßte nicht, was für eine Art Stimme er haben sollte. Wie würde er einen Satz zusammenstellen? Also mußte der Tramp verschwinden.*[109]

Vor das Problem gestellt, wie er seinen neuen Film angesichts dieser Entwicklung gestalten sollte, entschied sich Chaplin für einen Stummfilm, zu dem er Toneffekte und vor allem eine Musik hinzufügen würde. Dies gab ihm auch die Möglichkeit, bereits gedrehte Szenen zumindest teilweise noch zu verwenden: »An *City Lights* ist lange gearbeitet worden. Ganze Szenen waren gedreht, noch ehe der Tonfilm aufkam. Die herrlichste und erfolgreichste Szene war schon seit 1926, also fünf Jahre vor der Uraufführung, fertiggestellt. Sie hieß damals ›der Selbstmord‹, ein kurzes Fragment, das Chaplin für einen seiner frühen Filme vorgesehen hatte. Charlie sitzt am Weihnachtsabend auf einer Steinbank am Ufer der Themse und knabbert an einer Brotkruste, die er, der mittellose Landstreicher, den Vögeln gestohlen hat. Ein Mann kommt betrunken die Treppe herunter. Er trägt einen Abendanzug, Charlie erblickt ihn, beachtet ihn jedoch nicht weiter, bis er entdeckt, daß der Betrunkene sich einen Strick um den Hals befestigt. Charlie versucht, den Mann von seinem Vorhaben abzubringen ... Als Chaplin daran ging, *City Lights* zu drehen, wurde diese Szene geändert, und die Abwandlungen sind recht bezeichnend. Statt der Brotkruste hält Charlie eine weiße Rose, die er dem geliebten Blumenmädchen abgekauft hat, in der Hand. Es ist einer jener melancholischen Abende im Vorfrühling und nicht Heiligabend. Charlies Niedergeschlagenheit ist diesmal Liebesqual und nicht Weltschmerz. Er hegt auch nicht die Absicht, sich zu ertränken ...«[110]

Dieser Szene folgt die Geschichte von dem Millionär, der nun im betrunkenen Zustand menschlich ist, und dem Tramp, der einem blinden Mädchen unter großem Einsatz wieder zu ihrer Sehkraft verhilft. Der Film enthält die reinste Verkörperung der viktorianischen Gedankenwelt, die sich beständig in Chaplins Filmen niederschlug. Seine Geschichte war damals so altmodisch wie heute, und ihre Sentimentalität wurde von Chaplin fast provozierend unverkleidet dargeboten. Selbst die Notwendigkeit, mit einer solchen Geschichte fast alle Komik aus Szenen beziehen zu müssen, die mit der eigentlichen Handlung fast nichts zu tun haben, nahm er in Kauf; all dies brachte ihm viel Kritik ein. Chaplin aber kannte mittlerweile seine Stärken. Ein Kritiker, der gerade pathetischen Passagen sehr nüchtern gegenüberstand, erkannte ihm dennoch zu:

»Sentiment ist die Bürde und der Segen von Chaplins Werk. Die Dauerhaftigkeit seiner sentimentalen Passagen ist vielleicht ein wesentliches Geheimnis seines Überlebens ... Am Anfang von *City Lights,* als er entdeckt, daß das Mädchen blind ist, scheint der ganze Film für

Rechte Seite: »City Lights«: Chaplin, Virginia Cherrill

einen Moment anzuhalten. In der letzten Szene, als er sie so selbstlos, so *glücklich* ansieht, sagt er mehr als in der ganzen letzten Rede von *The Great Dictator.* Während seiner ganzen Karriere wurde Chaplin wegen seines Sentiments gescholten. Rigorose Kritiker ›sahen immer durch‹. Aber nachdem man das Sentiment durchschaut hat – was wirklich keine besondere Leistung ist –, sieht man, daß seine Transparenz ein Teil seiner Wirkung ist. Die sentimentalen Höhepunkte sind konstruiert, die anderen Charaktere Schablonen, aber der Augenblick ist *wahr,* ebenso wie in einer Oper mit einem unglaublichen Libretto und nichtssagenden Personen der Wert einer guten Arie den Augenblick wahr macht. Von den Konstruktionen, die den Augenblick möglich machen, zur Höhe des Augenblicks selbst führt ein Quantensprung, und in diesem Augenblick vergessen wir, was dahin geführt hat.
Unsere Zeit betrachtet das Gefühl sogar noch mehr als die weltklugen ›Zwanziger‹ mit Mißtrauen. Dennoch, nachdem wir vor Lachen geschüttelt wurden und uns gewundert haben, wie diese oder jene Szene doch wieder so komisch sein kann, ist es das krönende Wunder, daß Chaplin uns trotz unseres Vorherwissens und unserer klaren Wahrnehmung von Pappmaché und Flitter zum Weinen bringt. Nun können wir sehen, daß dies eine ebenso große Leistung ist wie seine Fähigkeit, komisch zu sein.«[111]

Angesichts der schweren Aufgabe, mit einem Stummfilm bestehen zu müssen, brachte Chaplin in noch stärkerem Maße als zuvor den Perfektionisten zur Geltung. Der ursprüngliche Darsteller des Millionärs wurde entlassen, weil er mit einer Erkältung am Ende eines anstrengenden Tages nicht mehr ins kalte Wasser wollte. Virginia Cherrill, seine Partnerin, wurde vorübergehend gefeuert, als sie sich Chaplins Anforderungen nicht beugen wollte, die einen Menschen während der Drehzeit jeden Tag für 24 Stunden in Anspruch nahmen.

Egon Erwin Kisch vermittelt in einer eindrucksvollen Reportage eine Vorstellung von der Detailversessenheit Chaplins, der gelegentlich Besuchern gerade abgedrehte Szenen zeigte, um herauszubekommen, ob eine Szene verstanden würde, wie er es haben wollte. So wurde zum Beispiel nicht deutlich, welche Funktion das Zuschlagen einer Autotür hatte, daß es dem Mädchen bedeutete, sie habe es mit einem reichen Herrn zu tun – ein Mißverständnis, auf dem letztlich der ganze Film beruht: »›Wir müssen das Ganze von Neuem drehen‹, sagte Chaplin. Und nun beginnt die ernste, schwere, qualvolle Arbeit der Dramaturgie und der Regie zu diesem Detail, die fast acht Tage dauert, und selbst im Übermut der Nächte unterbrach Chaplin plötzlich die Stimmung: ›Wie wär's, wenn wir das mit dem Blumenmädchen so machen würden ...‹ ... Acht Tage lang wurde die Szene probiert, jeder von uns war unzählige Male das Blumenmädchen (am seltensten Virginia Cherrill, die sie spielen wird), jeder von uns war der Herr aus dem Auto, jeder von uns der Chauffeur, der den Wagenschlag öffnet, aber Charlie Chaplin war immer Charlie Chaplin; zu jedem Versuch eines Versuchs gab er sich her, hoffnungsvoll-hoffnungslos.«[112]

Der Film beanspruchte zwei Jahre Drehzeit; weitere drei Monate vergingen, bis Chaplin die Musik komponiert und aufgenommen hatte. So kam es, daß der Film erst herauskam, als sich der Tonfilm bereits fest etabliert und erste große Werke hervorgebracht hatte. Dennoch wurde Chaplins »Komödie in Pantomimenform«, wie er den Film nannte, ein Riesenerfolg.

Chaplin mit Harry Myers in »City Lights«

In *City Lights* zeigte sich eine bis dahin unbekannte Fähigkeit Chaplins, die für viele wohl die überraschendste war: Komponieren. Stan Laurel hat in einem bereits angeführten Zitat geschrieben, wie gern sich Chaplin als Musiker sah. Seine Eltern überlieferten ihm ihr Repertoire an Liedern und Melodien, was sich besonders in *Limelight* niederschlug, und erweckten in ihm den Wunsch, Musiker zu werden: *Seit meinem sechzehnten Lebensjahr hatte ich täglich vier bis sechs Stunden lang in meinem Schlafzimmer geübt. Jede Woche nahm ich Stunden beim Dirigenten des Theaterorchesters oder bei einem anderen Musiker, den er mir empfohlen hatte. Da ich linkshändig spielte, waren die Saiten meiner Violine verkehrtherum aufgezogen. Ich hatte den Ehrgeiz, Konzertmusiker zu werden, oder, wenn es nicht gelang, meine Fähigkeiten in einem Vaudeville-Akt zu verwenden.*[113] Andere haben bezeugt, daß Chaplin mit Violine und Cello gut umzugehen wußte und auch gerne auf der mächtigen Kinoorgel spielte, die in seinem Haus stand. Die Notensammlungen, die zu seinen Filmen wie zu allen wichtigen Filmen der Stummfilmzeit herausgebracht wurden, um den Kinomusikern eine möglichst individuelle und adäquate Musik nahezulegen, wurden unter seiner Aufsicht zusammengestellt. Erst für *City Lights* aber komponierte er selbst: *Ich versuchte, elegante und romantische Musik zu komponieren, um meinen Komödien einen Rahmen zu geben, der mit dem Charakter des Tramps kontrastierte. Elegante Musik verlieh meinen Komödien eine emotionelle Dimension. Die Arrangeure haben das selten verstanden. Sie wollten, daß die Musik komisch sei. Aber ich erklärte ihnen, daß ich keine Konkurrenz wünschte. Ich wollte, daß die Musik ein Kontrapunkt der Grazie und des Charmes sei, daß sie Gefühl ausdrücke …*[114]

Dies hat man, wie zahlreiche Versuche, die Kurzfilme zu untermalen, deutlich machten, bis heute nicht begriffen; so wurde immer deutlicher, daß niemand Chaplins Filme so gut mit Musik zu versehen wußte wie Chaplin selbst. Während andere die Filme durch musikalische oder akustische Gags zu verbessern suchten, setzte Chaplin Tongags im Vertrauen auf seine Komik nur dann ein, wenn es die Situation gebot, wie zum Beispiel in *City Lights,* als Charlie eine Pfeife verschluckt und beim Aufstoßen die Hunde der Umgebung anlockt. Sonst aber ist seine Musik auf anrührende Art chaplinesk, das

Chaplin nimmt Musik für die Tonversion von »The Gold Rush« auf

heißt altmodisch, sentimental und doch ungemein wirkungssicher und stimmend. Wer einmal *City Lights* ohne Ton gesehen hat, kann ermessen, wieviel die Musik für diesen Film bedeutet.

Wie in der Filmtechnik hat Chaplin auch in seiner Musik erstaunlich schnell hinzugelernt. *City Lights* ist noch angefüllt mit Melodiezitaten, und vieles erschöpft sich in »Micky Mousing«, also akustischer Illustration des Bildgeschehens. Bereits bei *Modern Times,* in zunehmendem Maße schließlich bei der Vertonung von *The Gold Rush, The Great Dictator* und *Monsieur Verdoux* geht Chaplin immer geschickter vor. Wenige Motive, pointiert in sehr verschiedene Situationen eingepaßt, geben jedem Film eine größere Geschlossenheit. Sparsam eingesetzte illustrative Passagen wirken wesentlich komischer als noch in *City Lights,* wo sie gelegentlich als bloße Füllsel erschienen. Seine Vorliebe für Walzer-, Promenaden- und Tangorhythmen, die meist von kleiner Streicherbesetzung vorgetragen werden, wie es in »vornehmen« Kaffeehäusern üblich war, verstärkt den Eindruck der authentischen Evokation einer vergangenen Periode. Wenn seine Musik auch nicht, wie Chaplin schreibt, elegant ist, ist sie doch genau die Musik, die in eleganten Häusern beliebt war.

Mit den Kompositionen zu *The Chaplin Revue* und *Limelight* erreicht Chaplin schließlich echte Könnerschaft. Der leichte Walzerrhythmus, der den Anfang der bedrohlichen Diebstahlsszene in *The Pilgrim* untermalt, legt das Gewicht nicht auf deren Gefährlichkeit, sondern auf die tänzerische Eleganz der Abwehrversuche Charlies, wodurch das Gewicht von dem die Handlung bestimmenden Dieb auf die eigentliche Hauptperson subtil zurückverlegt wird. Die Ballettmusik aus *Limelight,* die Chaplin bereits vor Beginn der Dreharbeiten komponiert hatte, kann sich neben den meisten anderen Filmkompositionen hören lassen.

Sein größtes Talent aber besaß Chaplin im Erfinden einprägsamer melancholischer Melodien, die in einem anderen Zusammenhang als fürchterliche Ohrwürmer wirken, seinen Filmen jedoch ein wunderbares Gefühl von Ruhe und Sicherheit verleihen und seinen Altersoptimismus schon verrieten, als Chaplin noch allgemein als aggressiv, sozialkritisch und unversöhnlich galt. Angesichts solch ungewöhnlicher Vielseitigkeit erstaunt es kaum mehr, von Chaplins Frau zu hören, das Walzer-Thema der Gräfin von *A Countess from Hongkong* sei »seine Lieblingsmelodie aus einer Oper, an der er gearbeitet hat, die auf ›Tess of the d'Urbervilles‹[115] basiert. Er stahl der Oper den Walzer für seinen Film. Er sagte: Tja, Oona, da geht meine Oper dahin ...«[116]

Nach der Premiere von *City Ligths* trat Chaplin seine zweite Europa-Reise an. Diesmal wurde er auch in Deutschland begeistert empfangen. Auf dieser Reise wurde er sich besonders stark der international katastrophalen Auswirkungen der Wirtschaftskrise bewußt, ein Einfluß, der in seinem nächsten Film einen deutlichen Niederschlag finden sollte.

Mit diesem Film, *Modern Times,* wagte es Chaplin noch einmal, gegen den Ausschließlichkeitsanspruch des Tonfilms zu protestieren. Diesmal allerdings geschah es nicht mehr ganz so bewußt und freiwillig. Da jedoch auch sein neuer Film den Tramp zur Hauptperson haben sollte, dem keine Sprache gegeben war, und da demzufolge auch seine Partner stumm bleiben mußten, hatte er keine andere Wahl.

Den letzten Anstoß zu diesem Film gab ihm eine Begegnung mit Paulette Goddard: *Ich entdeckte in Paulette etwas Gaminhaftes. Das war eine Eigenschaft, die ich zu gern auf die Leinwand gebracht hätte. Ich konnte mir vorstellen, wie der Tramp ihr als einem liederlichen und leichtsinnigen Mädchen in einem überfüllten Gefangenentransport-Wagen begegnet und ihr höflich und galant seinen Sitz anbietet. Das sollte der Ausgangspunkt sein, und aus dieser Szene konnte ich eine ganze Handlung und ver-*

schiedene Gags entwickeln.[117] Den Hintergrund dieser Geschichte entnahm Chaplin den Erzählungen eines Journalisten, der berichtete, wie Menschen an den Fließbändern von Detroit nach wenigen Jahren zu Wracks geworden waren. Er selbst hatte schon als Kind ein beängstigendes Erlebnis mit einer riesenhaften Maschine gehabt: *Auf einem Zettel im Fenster stand »Junge gesucht als Zugführer der Wharfdale-Presse«. Als mich der Meister an die Maschine führte, ragte sie wie ein Ungeheuer vor mir auf. Um sie zu bedienen, mußte ich auf einer zwei Meter hohen Plattform stehen, wo ich mir vorkam wie auf dem Eiffelturm ... Er zeigte mir den Hebel und stellte das Untier auf halbe Geschwindigkeit. Es begann zu rollen, zu knurren und zu mahlen. Ich glaubte, es werde mich verschlingen. Die Papierbögen waren riesengroß, man hätte mich darin einwickeln können. Ich lockerte die Bögen mit einem Stab aus Elfenbein, hob sie an den Ecken an und hielt sie gewissenhaft dem Ungetüm vor die Zähne, damit es sie verschlinge. Das Ungeheuer packte zu, verschluckte das Papier und stieß es hinten wieder aus. Am ersten Tag war ich einem Nervenzusammenbruch nahe, so sehr beeindruckte mich der Hunger des Untiers, den ich kaum zu stillen vermochte.*[118]

Für *Modern Times* ließ Chaplin eine Maschine bauen, die den Erinerungen seiner Phantasie entsprach und genau das tat, was er damals befürchtete: sie verschlang ihn. Die Aufarbeitung eigener Ängste, die dieser Teil des Films nicht nur für Chaplin, sondern auch für den Zuschauer leistet, ist sicher ein wesentlicher Grund für seine ungeheure Komik. Mehr als bei irgendeinem anderen Chaplin-Film hat man beim Lachen über diese Sequenz das Gefühl, als sprenge dieses Lachen etwas auf.

Die Szenenfolge in der Fabrik findet in einem

Nervenzusammenbruch des Tramps ihren Abschluß. Die Handlung entwickelte sich aus der natürlichen Aufeinanderfolge der Ereignisse. Nach seiner Heilung wird der Tramp festgenommen und trifft mit einem vagabundierenden Mädchen zusammen, das auch verhaftet worden ist, weil es irgendwo Brot gestohlen hat. Sie treffen sich in einem Transportwagen der Polizei, der mit allen möglichen Gesetzesübertretern angefüllt ist. Von da an geht es darum, wie diese beiden versuchen, mit der modernen Zeit fertig zu werden. Sie geraten in die Wirtschaftskrise, erleben Streik, Unruhen und Arbeitslosigkeit.[119]

Freunde und Feinde, Linke und Rechte haben gleichermaßen versucht, Chaplin wegen der Darstellung des Elends seiner Zeit in Filmen wie *Modern Times* zum »Kommunisten«, »Sozialrevolutionär« oder »Radikalen« zu stempeln. Chaplin selbst tat zu jener Zeit das Seine dazu, diesen Eindruck zu verstärken. So empfing er während seines Besuches in Berlin eine Delegation stellungsloser Filmkünstler, worüber auch ›Die Rote Fahne‹ berichtete:

»Die Redaktion der ›Roten Fahne‹ übernahm die Führung der Delegation ... Chaplin war sehr erfreut über die ihm im Namen Tausender übermittelten Grüße, noch mehr aber für die ihm gewidmete Seite der ›Roten Fahne‹, die das krasse Elend der deutschen Filmindustrie enthüllt ... Im selben Atemzug wollte er wissen: *Und die ›Rote Fahne‹ – welche Richtung der Arbeiterpartei vertritt sie?*

›Wir sind die einzig revolutionäre Arbeiterpartei in Deutschland! Die KPD ...‹

Aber die Arbeiter Deutschlands haben doch schon einmal Revolution gemacht?! Ist nur ein Personenwechsel vor sich gegangen? ... Und nach einer Pause, während welcher sich sein Gesicht ganz nachdenklich zusammenzieht:

Produkte der Chaplin-Industrie

Ja, wenn man eine Revolution macht, dann muß man sie ganz machen. Das darf kein bloßer Personenwechsel sein, nicht wahr? … Chaplin nickt bestätigend, nickt immerfort, während ihm der Kapitalismus und die damit verbundene Korrumpierung erklärt wird; Chaplin begreift und hebt den Finger: *Ja, der Kapitalismus, das ist der Feind! Das ist der Feind, wirklich! …* Dann sagt er: *Ja, und was mir noch an Rußland gefällt, das ist der dortige Internationalismus. Die ganze technische Entwicklung, der Handel, alles, alles fordert doch den Internationalismus, nicht?«*[120]

Die politische Naivität, die Chaplin in dem Interview an den Tag legte, erklärt seine Bereitwilligkeit, ein Gesellschaftskonzept zu vertreten, das zu seinem Lebensstil wie auch den meisten seiner Überzeugungen in krassem Widerspruch stand. Eine andere Erklärung lieferte Hanns Eisler, nachdem er zusammen mit

Bertolt Brecht bei Chaplin dessen *Monsieur Verdoux* angesehen hatte: »Wir lachten selbstverständlich nur über Scherze von Chaplin, die soziale Bedeutung hatten, so daß Chaplin, der ja Wert darauf legte, daß auch beim Abendbrot seine Späße bewundert wurden, mit Recht sehr genau herausbekommen hat: diese zwei Leute lachen meistens, wenn die Scherze soziale Schärfe haben. Folglich radikalisierte er sich in unserer Gesellschaft.«[121]

Aber auch Chaplins Filme verraten, wie sehr seine kritisierten Linkstendenzen auf die Oberfläche beschränkt waren. Zwar bezieht *Modern Times* seine Wirkung aus der Ablehnung moderner Ausbeutungsprozesse; diese aber ist eigentlich mehr ästhetischer und moralischer Natur und wendet sich eher gegen den gesamten Prozeß der Vermassung und Egalisierung, den die Industrialisierung zwangsläufig mit sich bringt, als daß sie klassenkritisch zu verstehen ist. Charlies praktizierte Solidarität ist ein groteskes Versehen; als er sie bewußt einsetzen kann, verweigert er sie nicht nur, er hilft sogar der Obrigkeit und erweist sich als ein Mensch, der alles daransetzt, von ihr und der Gesellschaft akzeptiert und eingegliedert zu werden. Chaplins Gegenpol zur industriellen Vermassung ist nicht solidarische Selbstverwirklichung, sondern Flucht in einen extremen Individualismus, in dem jeder nur noch für sich und die ihm nahestehenden sorgt. Dazu paßt, daß das weibliche Idealbild, von Paulette Goddard in diesem Film dargestellt, als etwas faszinierend Urwüchsiges eingeführt wird. Ihre Flinkheit beim Beschaffen von Nahrung – von Bananen! – gleicht der von Affen.

Sieht man einmal davon ab, daß ihre Vorgeschichte im Gegensatz zu der des Tramps, der in einer sehr konkreten Arbeitswelt eingeführt wird, noch deutliche Wurzeln in der viktorianischen Dramenkonstruktion hat und sie daher etwas unrealistischer erscheinen läßt als den Tramp dieses Films (in allen anderen Filmen gilt für ihn das gleiche wie für sie), erscheint mit diesem Mädchen zum erstenmal in einem Chaplin-Film eine vollkommene weibliche Entsprechung der Person. Dies hat sicher viel mit der Person Paulette Goddard zu tun, der einzigen von Chaplins Partnerinnen, die auch später noch so große Leistungen bot wie zusammen mit ihm. Dies hängt mit ihrer sehr ausgeprägten Persönlichkeit zusammen, die Chaplin anerkannte, als er um sie seinen Film aufbaute. Ihr quirliges, munteres Wesen ist die vollkommene Entsprechung zu Chaplins Agilität. Zum erstenmal in einem von Chaplin gestalteten Film wirken daher die Szenen, in denen er nicht selbst spielt, nicht als notwendige Überbrückung, sondern sind Abschnitte von großer Eigenständigkeit, die dem Zuschauer nicht weniger Freude bereiten als die mit Charlie.

Wenn sie Charlies Haus einrichtet, wenn sie ihn vor dem Gefängnistor begrüßt, wenn sie ihn ermutigt und ihm seinen Text abhört, den er als singender Kellner von sich zu geben hat, dann hat man das sichere Gefühl, daß ihm hier jemand ebenbürtig ist und ihm eine echte Hilfe sein kann. Deshalb auch endet dieser Film damit, daß Chaplin mit seiner gleichberechtigten Partnerin in die Landstraße hineinwandert.

Die zweite Neuerung dieses Films kommt erst zum Schluß, und ihr unweigerliches Kommen wird von Chaplin weidlich ausgekostet: zum erstenmal ist die Stimme des Tramps zu hören. Da aber die menschliche Stimme bislang konsequent Automaten anvertraut worden war und Chaplin nicht wußte, wie der Tramp sprechen sollte, zog er eine Konsequenz, die zu den brillantesten Passagen des Films gehört: er ließ ihn

Paulette Goddard und Chaplin in »Modern Times«

einen Nonsenstext singen und stellte den Inhalt pantomimisch dar.[122]

Nach dem erfolgreichen Start dieses Films traten Chaplin und Paulette Goddard eine Asien-Reise an, in deren Verlauf sie geheiratet haben wollen, was sie jedoch lange Zeit geheimhielten. Diese von Chaplin, seinem Sohn und fast allen Biographen propagierte Version wurde mir gegenüber von Bekannten Chaplins und Paulette Goddards bestritten, die der Überzeugung waren, daß die beiden überhaupt nie verheiratet waren. Dies würde die angesichts aller unangenehmen Umstände erstaunliche Geheimhaltung erklären. Sie führte zum Beispiel dazu, daß der Produzent David O. Selznick, der Paulette schon fest für die Rolle der Scarlett O'Hara in »Gone with the Wind« vorgesehen hatte, angesichts der öffentlichen Entrüstung über ihre »wilde Ehe« mit einem notorischen Sexualprotz es sich anders überlegte. Da beide Versionen nicht belegbar sind, ist eine Entscheidung für die eine oder die andere unmöglich.

Die Wege der beiden trennten sich mit der Zeit immer mehr, als Chaplin trotz wiederholter Versprechungen nichts tat, um Paulette wieder zu beschäftigen. Das Napoleon-Projekt wurde vergeblich wieder hervorgeholt; ein Projekt um eine russische Emigrantin, aus dem sich später *A Countess from Hongkong* entwickelte, wurde nicht realisiert. Als Chaplin schließlich *The Great Dictator* drehreif hatte und seiner Frau die Rolle des jüdischen Mädchens gab, war sie bereits ein etablierter Star, der sich nicht mehr ohne weiteres Chaplins peniblen Anweisungen beugen wollte. Kurz nach Beendigung dieses Films trennten sich beide freundschaftlich; zum erstenmal ging eine »Ehe« Chaplins ohne gegenseitige Vorwürfe und Skandale auseinander.

Ein Grund für Chaplins ausgedehnte schöpferische Pause war die bedenkliche Entwicklung in Europa. Hitler galt zwar vorwiegend als groteske Figur, doch viele seiner Äußerungen, vor allem aber die blind fanatischen Handlungen seiner Anhänger hatten im Ausland Besorgnis ausgelöst. *Alexander Korda hatte mir 1937 vorgeschlagen, einen Hitler-Film zu machen, dessen Story sich um eine Personenverwechslung drehen sollte, da Hitler denselben Schnurrbart habe wie der Tramp. Er meinte,*

ich könne beide Personen darstellen. Damals hielt ich nicht viel von der Idee, doch jetzt war sie aktuell, und ich brannte darauf, wieder an die Arbeit zu gehen. Ganz plötzlich wurde es mir klar. Natürlich! Als Hitler konnte ich die Massen großtuerisch bearbeiten und so viel sprechen, wie ich wollte. Als Tramp konnte ich dann mehr oder minder still bleiben.[123]
Vanderbilt schickte mir eine Serie Postkarten, die Hitler zeigten, während er eine Rede hielt. Das Gesicht war in obszöner Weise komisch – eine schlechte Imitation von mir, mit dem absurden Schnurrbart, den ungekämmten, strähnigen Haaren und dem widerwärtigen dünnen kleinen Mund. Ich konnte Hitler nicht ernst nehmen.[124] Trotz dieser Äußerung war Chaplin jedoch schon damals von Hitler mehr fasziniert, als er zugeben wollte.
Die Vorbereitungen zu *The Great Dictator* nahmen fast zwei Jahre in Anspruch. In dieser Zeit studierte Chaplin Reden und Gebaren seines Modells: »Neben der Arbeit begann mein Vater, Hitler zu studieren. Zu diesem Zweck ließ er sich alle Wochenschauaufnahmen des deutschen Diktators kommen, deren er habhaft werden konnte. Stundenlang saß er in seinem Privattheater zu Hause oder im Projektionsraum des Studios und betrachtete diese Filmstreifen. Er sah Hitler, wie er zu Kindern sprach, Babies streichelte, Patienten im Krankenhaus besuchte und wie er bei allen möglichen Anlässen Reden hielt. Dad studierte jede Pose des Diktators, machte sich alle Eigenheiten seines Benehmens zu eigen und war von dem Gesamteindruck gefesselt.«[125] Bei diesem genauen Studium verwandelte sich Chaplins abschätzige Haltung in eine Mischung aus Anerkennung und Geringschätzung, Hochachtung und Verachtung. Ihm, der ursprünglich sagte, er wolle seinem Publikum *die Angst vor der Unbesieg-*

Chaplin und die Maschine (»Modern Times«)

barkeit der Nazitruppen nehmen und den Menschen zeigen, daß Hitler eine jämmerliche Figur, ein größenwahnsinniger Narr sei[126], wurde es selbst etwas unheimlich.

Der aus diesem Zwiespalt geborene Film ist durchsetzt mit Dualismen, die nicht zuletzt auf ihn zurückzuführen sind. Dazu kommt, daß Chaplin selbst den kleinen jüdischen Friseur sowie den kleinen großen Diktator spielt. Statt völlig gegensätzlicher Figuren sind beide daher nur die ausgespielte Spaltung einer einzigen Person, nämlich des Tramps, dessen Mr. Hyde-Komponente Chaplin in dem Film isoliert und gleichberechtigt auftreten läßt. Es gibt in dem ganzen Film keinen Hinweis, der dagegen

Der Tramp zieht weiter: Chaplin und Paulette Goddard in »Modern Times«

spräche, daß die Vertauschung der beiden Personen nicht schon vor Beginn der Haupthandlung hätte stattfinden können, wodurch der Friseur zum Diktator und dieser zum Verfolgten geworden wäre. Ihr Hintergrund nämlich ist absolut identisch, wie man aus den Kriegsabenteuern des Friseurs sieht und von denen man im Falle Hitlers weiß. Wolfram Schütte hat diesen Dualismus in einer Besprechung des Films zurückverfolgt:
»Charlie, der Sanfte, und Hynkel, die Bestie: es

sind zwei ins Extrem getriebene Verhaltensweisen der ursprünglichen Charlie-Figur. Aus den frühen Kurzfilmen ist er noch als arroganter, um sich schlagender und tretender Raudi in Erinnerung: Hynkel, in seiner gockelhaft-stolzierenden Haltung setzt diese Tendenz fort. Sie ließe sich bis ins kleinste an Hand von Chaplins ihn selbst zitierenden Gesten nachweisen.[127] Chaplins große Stummfilme … »humanisieren« den einstmals anarchistischen Rabauken schrittweise zum kleinbürgerlichen Vagabunden, der kein Bein auf den Boden der besseren Gesellschaft kriegen konnte.
Mit verblüffender Konsequenz ist Charlie, der jüdische Friseur, in seinem letzten Filmauftritt denn auch ein gedächtnisloser Kleinbürger, der nur einen bescheidenen Wunsch hat: in Ruhe und ohne Kenntnis der Welt seinem bescheidenen Geschäft nachgehen zu können.«[128] Es verwundert also kaum, daß Chaplin nicht nur den kleinen Barbier, sondern auch den Diktator sehr genau kannte und dessen kleine Eigenheiten geradezu liebevoll ausspielte.
Vielleicht liegt es an seiner genauen Kenntnis seines Themas, daß der Satiriker Chaplin in diesem Film Triumphe feiert. Das beginnt bei den Namen: Garbitsch (garbage = Unrat) für Goebbels, Napaloni (= italienische Variante von Napoleon) für Mussolini, Herring für Göring, der im Gegensatz zu dem Hering feist wie ein Faß ist, und Double Cross (= Doppelkreuz, aber auch = hereinlegen) für das Hakenkreuz. In der Kennzeichnung des neuen Staates nutzt Chaplin seine genaue Kenntnis deutscher Wochenschauen, um ihre Machart bloßzulegen, indem er sie satirisch manipuliert in seinen Zusammenhang übernimmt.[129] Die Egomanie und gleichzeitige Unsicherheit des Diktators bilden das Kernstück der Satire. Hinter seinem Aktenschrank verbirgt sich ein dreifacher Spie-

gel, in dem sich Hynkel selbst umarmt. Eine ganze Sequenz basiert auf den Bemühungen zweier Diktatoren, die bessere Position einzunehmen. Der Tanz mit der Weltkugel schließlich ist zu Recht als ein unübertreffliches Symbol für jede Art von Größenwahn bekannt geworden.

Spätestens in dieser Szene wird jedoch auch die bedenkliche Faszination, die seine Hauptfigur auf Charlie ausübt, überdeutlich. Die Grazie, mit der Hynkel tanzt, ist nicht die seine, sondern die Chaplins. Die Musik, die seinen Tanz begleitet, nämlich Wagners »Lohengrin«-Vorspiel, muß auch als Einleitungsmusik zu der an-

Als Hynkel in »The Great Dictator«

Paulette Goddard und Friseur Chaplin (»The Great Dictator«)

tifaschistischen Rede des Barbiers herhalten. Damit schlägt ein vielleicht satirisch gemeintes Zitat in eine kritiklose Übernahme der eben noch parodierten Gedankenwelt um. Ebenso entlarvend ist dann natürlich auch das Schlußbild. »Die wogenden Ährenfelder am Ende von Chaplins Hitler-Film desavouieren die antifaschistische Freiheitsrede. Sie gleichen der blonden Haarsträhne des Mädels, dessen Lagerleben im Sommerwind von der Ufa photographiert wird«[130], schrieb Adorno. Chaplins große Schlußrede wird damit unversehens als ein Produkt desselben Geistes dargestellt, der auch Hynkel und seinen Redestil geboren hat. Das Motiv von Dr. Jekyll und Mr. Hyde hat eine neue Variante erfahren, indem nämlich beide Wesen bei dem Versuch, ihr Innerstes bildhaft zu machen, sich des Repertoires des anderen bedienen müssen.

»Als er den kleinen Tramp ablegte, drehte sich der kleine Tramp um und tötete ihn«[131], sagte Mary Pickford. Mag sie damit auch übertrieben haben, in einem hatte sie recht: mit *The Great Dictator* begann der Kampf zwischen Charlie und Chaplin.

Zahltag

Mit *The Great Dictator* stand Chaplin im Zenit seines Erfolgs. Obwohl der Film bis zum Kriegseintritt Amerikas blockiert worden war, wurde er zu seinem bis dahin größten Finanzerfolg, nachdem sich seine Analyse des Faschismus als richtig erwiesen hatte. Chaplin wurde nun wieder gebeten, politische Stellungnahmen abzugeben: *Zu diesem Zeitpunkt begannen, glaube ich, meine Schwierigkeiten. Ich erhielt eine telefonische Anfrage vom Vorsitzenden des amerikanischen Komitees für Rußland-Hilfe in San Francisco, ob ich bereit sei, an Stelle von Mr. Joseph L. Davies, dem amerikanischen Botschafter in Rußland, zu sprechen. Der Botschafter war im letzten Augenblick an einer Halsentzündung erkrankt. Ich hatte noch wenige Stunden Zeit, sagte jedoch zu … Der Bürgermeister erklärte: »Wir sind gezwungen, mit der Tatsache zu leben, daß die Russen unsere Verbündeten sind.« Die allgemeine Ansicht, die ich an jenem Abend zu spüren glaubte, ging dahin, daß wir eigenartige Verbündete besaßen … Nachdem ich dieses schwächliche Gerede mitangehört hatte, war mein Unwille geweckt.*[132] Chaplin begann mit der Anrede *Genossen!* und rief zur Schaffung einer zweiten Front in Europa auf. (Sie sollte die Truppen der Achsenmächte binden und die Sowjet-Union entlasten.) Kurz darauf tat er das gleiche in einer Rede, die über Telefon auf den Madison Square Garden übertragen wurde. *Infolge meiner Reden für die zweite Front wurde das gesellschaftliche Leben in New York merk-*

lich ruhiger für mich ... jetzt hatte ich das Gefühl, in eine politische Lawine geraten zu sein.[133]

Chaplins offene Sympathie für die Sowjet-Union, die, wie das Interview mit der »Roten Fahne« gezeigt hat, auf einem naiven Mißverständnis beruhte, machte ihn endgültig zum Ziel professioneller Kommunistenhasser. Da es zunächst noch eine ganze Reihe prominenter Persönlichkeiten gab, die seine Ansichten öffentlich teilten, kümmerte er sich wenig um die häufiger werdenden Warnungen. Bei einem Essen im Dezember 1942 rief er die Amerikaner auf, ihre Vorurteile gegen die Sowjet-Union zu vergessen, *zumal unsere Alliierten keine Einwände gegen unsere Ideale und Regierungsform äußern. Kommunismus ist nun einmal das, wofür die Russen kämpfen, und nach ihrer Art zu kämpfen müssen sie ihn sehr schätzen ... Ich bin kein Kommunist, aber ich empfinde ziemlich prokommunistisch.*[134]

Während der nächsten fünf Jahre gewannen zwar antikommunistische Agitatoren immer mehr an Einfluß, Chaplins politisches Leben aber verlief relativ ruhig. Dafür sah er sich unvermittelt im Zentrum eines neuen Sturms moralischer Entrüstung. Im Mai 1941 hatte er ein Mädchen namens Joan Barry kennengelernt, das ihm die Zusage abgewann, in seinem nächsten Film die Hauptrolle zu spielen. Er erwarb für sie die Rechte an einem Theaterstück[135] und schickte sie auf eine Schauspielschule, während er an dem Drehbuch arbeitete. Bald darauf aber begann sie, sich eigentümlich zu benehmen, und Chaplin war froh, als er sie loswerden konnte, indem er ihr eine Fahrkarte nach New York schenkte. Als er sich wegen einer Rede zur zweiten Front dort aufhielt, besuchte sie ihn erneut, um Forderungen zu stellen, erreichte jedoch nicht viel. Bald darauf brach sie in seine

Wohnung in Los Angeles ein, wurde wegen Landstreicherei verhaftet, und Chaplin bezahlte erneut ihre Reisekosten nach New York, um sie endgültig loszuwerden. Sie erschien jedoch wieder in Los Angeles und verkündete ihm, sie bekomme ein Kind von ihm. Chaplin rief die Polizei.

Daraufhin beklagte sie sich in aller Öffentlichkeit, der Vater ihres Kindes habe sie verjagt, und reichte eine Woche später eine Vaterschaftsklage ein. Die Aussicht auf zusätzliche Stimmen entrüsteter Wähler verleitete einige Juristen und Politiker[136], gegen Chaplin eine zweite Klage wegen Verletzung des Mann Act anzustrengen. Dieses auch »Weiße-Sklavinnen-Gesetz« genannte Gesetz war zur Verhütung interstaatlicher Prostitution erlassen worden und bedrohte jeden, der eine Frau zu unzüchtigen Zwecken in einen anderen Staat brachte, mit einer Haftstrafe von maximal 23 Jahren sowie einer Geldstrafe bis zu 26000 Dollar. Chaplin, der britischer Staatsbürger war, hätte außerdem mit Ausweisung rechnen müssen. Die Klage stützte sich auf die Tatsache, daß Chaplin Joan Barrys Reise nach New York bezahlt und sie dort getroffen hatte. Nach langen Verhandlungen wurde er schließlich freigesprochen und durfte mit Zuversicht dem noch anstehenden Vaterschaftsprozeß entgegensehen, zumal eine Blutanalyse bewiesen hatte, daß er gar nicht der Vater des Kindes sein konnte.

Joan Barrys Anwälte zogen sich von der Sache zurück, als das Ergebnis dieser Untersuchung bekannt wurde. Daraufhin erbot sich ein Mr. Joe Scott, ein erzkonservativer Jurist, der auch als »Mr. Catholic von Südkalifornien«[137] bekannt war, die Sache zu übernehmen. Damals wurden Bluttests in Kalifornien noch nicht als juristische Beweise anerkannt, und obwohl jedermann wußte, daß sie nichtsdestoweniger beweiskräftig waren, gelang es Scott, die Sympathie der Geschworenen für das arme Mädchen zu gewinnen, indem er Chaplin beschimpfte: »Dieser grauhaarige alte Bussard, dieser kleine Hutzelzwerg, dieser Verführer und wollüstige Hetzhund, der wie ein britischer Cockneyschuft lügt.«[138] Seine phänomenale Darbietung brachte ihm, nachdem sich die Geschworenen in einem ersten Prozeß nicht hatten einigen können, den Sieg. Chaplin wurde dazu verurteilt, seiner »Tochter« jede Woche 75 Dollar zu zahlen, bis sie 21 Jahre alt sei, also bis zum Oktober 1964. Chaplin bezahlte. 1953 wurde Joan Barry aufgegriffen und wegen akuter Schizophrenie in eine Heilanstalt überwiesen, wo sie sich noch Ende der fünfziger Jahre befand.[139]

Noch vor Beginn der Prozesse hatte Chaplin Oona O'Neill, die Tochter des amerikanischen Dramatikers, kennengelernt, als sie ihm für die gleiche Rolle vorgeschlagen worden war, die Joan Barry hatte spielen sollen. Er war begeistert und wollte den Film mit ihr machen. Statt seine Partnerin wurde sie seine Frau, und zwar um zu demonstrieren, wie sehr sie an ihn glaubte, noch während die Prozesse andauerten. Bald nach der Hochzeit verzichtete sie auf die Rolle und auf eine Karriere als Schauspielerin. Nach drei vergeblichen Versuchen hatte Chaplin im Alter von 54 Jahren die richtige Frau gefunden. Mit ihren achtzehn Jahren war auch sie erheblich jünger als er.

Wieder nach Beverly Hills zurückgekehrt, arbeitete ich weiter an »Shadow and Substance«, als eines Tages Orson Welles zu mir kam und mir einen Vorschlag machte. Er erklärte mir, er wolle eine Serie von Dokumentarfilmen drehen, deren Handlung aus dem Leben gegriffen war. Eine davon war die Geschichte eines berühmten französischen Mör-

Martha Raye und Chaplin in »Monsieur Verdoux«

ders, des Blaubarts Landru, und er glaubte, das sei eine wunderbare dramatische Rolle für mich.[140]

Er wollte, daß ich Landru spielte – in einem dokumentarischen Film, der mehr oder weniger alle Situationen enthielt, die in Dokumenten und Protokollen verzeichnet waren. Aber es gab keine Geschichte zu der Idee. Ich sagte ihm, ich könne das nicht als ein Drama sehen ... Später arbeitete ich daran und hatte eine Idee dazu und sah eine Möglichkeit, wie ich die Geschichte von der komischen Seite angehen könnte – dabei ging es nicht mehr um Landru, sondern um eine Mischung aus mehreren Men-

schen ... Es ist eine originale Geschichte. Es ist nicht die Geschichte von Landru.[141]

Diese Geschichte eines Frauenmörders gab Chaplin Gelegenheit, in seiner Beschäftigung mit unsympathischen Personen, die ihn faszinierten, fortzufahren. Bereits die Inhaltsangabe verrät, daß Chaplin auch diesmal wieder die Rolle eines Monsters ambivalenter gestaltete, als es ursprünglich beabsichtigt war. Monsieur Verdoux ist ein Bankbeamter im Frankreich der dreißiger Jahre, der durch die Wirtschaftskrise seine Stellung verloren hat. Um seine verkrüppelte Frau und seine Kinder zu unterstützen, ermordet er reiche Frauen, deren Geld er erbt, da er sie zuvor geheiratet hat. Seinen durchweg widerwärtigen Opfern nähert er sich in diversen Verkleidungen. Ein junges Mädchen, an dem er ein neu gefundenes Gift ausprobieren wollte, läßt er laufen, als er erfährt, daß sie einen Krüppel geliebt hat. Als er seine Familie, zu der er nie eine richtige Beziehung gehabt hatte, verloren hat, gibt er seine Unternehmungen auf. Einige Zeit später trifft er das Mädchen, das sich inzwischen von einem Munitionsfabrikanten aushalten läßt, erneut und wird bei der Gelegenheit von Verwandten eines seiner Opfer erkannt. Nachdem er sich selbst und seinem Publikum bewiesen hat, daß er hätte entkommen können, läßt er sich fangen. Seinen Prozeß und seine Hinrichtung macht er zu großen Szenen: *Was den Massenmörder angeht,* so rechtfertigt er sich, *ermutigt einen die Welt nicht dazu? Als Massenmörder bin ich vergleichsweise ein Amateur ... Ein Mord macht einen Verbrecher, Millionen machen einen Helden. Zahlen heiligen.*[142]

Chaplins erneute Beschäftigung mit Mr. Hyde führte diesmal noch einen Schritt weiter. Waren in dem vorigen Film Sympathie und Antipathie noch klar verteilt, manifestiert sich in *Mon-*

sieur Verdoux nur noch die grenzenlose Bewunderung Dr. Jekylls für sein böses Ich. Die Versuche des Autors Chaplin, die Taten seines Helden verständlich erscheinen zu lassen, gelingen durchaus. Ein Vergleich mit dem Film »Landru« von Claude Chabrol[143], der sich im wesentlichen an die Fakten hielt und dennoch den Helden nicht als Ungeheuer zeichnet, ist aufschlußreich. »Landru« spielt während des Krieges, *Monsieur Verdoux* während der Wirtschaftskrise. Landru mordet, weil er es gerne besser hätte und weil so viele offiziell morden. Als der Krieg zu Ende ist, hört er mit dem Morden auf. Verdoux mordet, um seine Familie zu unterhalten, und hört auf, als er sie verloren hat. Landrus Frau ist eine bigotte Keife, Verdoux' Frau ein Krüppel. Landrus elf Opfer sind teilweise sehr attraktiv, Verdoux' vier Opfer sind schreckliche Weiber. Landru tötet alle, während Verdoux im Film nur einen Mord verübt. Landru geht sehr sachlich an die Arbeit, Verdoux tut es mit so viel Eifer und Enthusiasmus, daß man deutlich merkt, daß es ihm um mehr als den Geldgewinn geht. Landru macht eines seiner möglichen Opfer zur Geliebten, Verdoux versieht ein Opfer, das seine Geliebte werden könnte, mit Geld. Landru wird bei seiner Geliebten verhaftet. Verdoux stellt sich, nachdem er erkannt hat, daß seine gute Tat nichts genützt hat. Landru bestreitet seine Taten, Verdoux verklärt sie.

Der wichtigste Unterschied jedoch ist die Besetzung der Hauptrollen mit einem energisch, aber nicht sehr attraktiv wirkenden, kostümierten jungen Mann (Landru) und einem höchst attraktiv und jugendlich wirkenden älteren Mann, der ein virtuoser Komiker ist. Während also der Autor Chaplin bereits das Seine getan hat, um die Handlungsweise des Helden verständlich zu machen, bringt ihn der Schauspie-

ler Chaplin um die noch verbliebenen Ansatzpunkte zur Kritik an ihm. Unverhofft geriet ihm der Mörder zur Projektion seiner selbst, seiner Misogynie, seiner »Philosophie«.
Es ist schwer zu sagen, in welchem Maße dies Chaplin bewußt war. Während nämlich all seine Äußerungen die Distanz zu Verdoux betonen, bringt er mehrere deutliche Verweise in den Film ein, daß der Tramp und Verdoux etwas Verwandtes haben. Der wichtigste ist vielleicht die Schilderung von Verdoux' Gang zur Guillotine, die genauso gestaltet ist wie der letzte Gang des Tramps in vielen Filmen vorher. Aber es gibt auch andere Hinweise auf eine direkte Verbindung von Verdoux zu Chaplin, etwa die Tatsache, daß Verdoux ebenso wie Chaplin sich sehr gut bei Schopenhauer auszukennen scheint. Wie später *A King in New York* der Niederschlag von Chaplins Erfahrungen mit Amerika war, so kann man wohl *Monsieur Verdoux* als den Film bezeichnen, in dem sich, wenn auch wesentlich sublimer, Chaplins Erfahrungen mit Frauen niedergeschlagen haben.
Nach Beendigung der Arbeiten an diesem Film drangen Chaplins politische Probleme wieder in den Vordergrund. In Washington war man inzwischen mit der Gründung des Ausschusses zur Untersuchung unamerikanischer Aktivitäten zu einer großen Verfolgungsjagd auf Kommunisten, Sympathisanten und kommunistische Tendenzen in den Filmen angetreten. Chaplin wurde von dem Ausschuß mehrfach vorgeladen.
Nach dem dritten Aufschub schickte ich ein Telegramm ab und teilte darin mit, ich habe die Arbeit einer großen Organisation zum Stillstand bringen müssen, das habe mir erhebliche Kosten verursacht, und das Komitee, das kürzlich in Hollywood meinen Freund Hanns Eisler vernommen hatte, hätte auch mich zur gleichen

Zeit vernehmen und damit dem Staat Geld sparen können. »Jedoch«, so schloß ich, »um es Ihnen zu erleichtern, möchte ich Ihnen das sagen, was Sie, glaube ich, wissen wollen. Ich bin kein Kommunist und habe in meinem ganzen Leben keiner politischen Partei oder Organisation angehört. Ich bin, was Sie einen ›Friedenshändler‹ nennen mögen.«[144]

Auf einer Pressekonferenz anläßlich der Premiere von *Monsieur Verdoux* wurden Chaplin vor allem sehr insistierende Fragen zu seinen politischen Überzeugungen gestellt. Ihr Verlauf ließ das Schicksal des Films ahnen. Nach anfangs gutem Geschäft wurden viele Filmtheater mit Boykottdrohungen der American Legion und anderer professioneller Patrioten bedacht und weigerten sich, den Film zu spielen. Chaplin sah sich gezwungen, den Film nach kurzer Zeit zurückzuziehen, um die Verluste nicht noch durch sinnlose Verleihkosten zu erhöhen.

In diese Zeit fielen schließlich noch schwierige Verkaufsverhandlungen mit United Artists und die Plagiatsklage eines Autoren, mit dem Chaplin wie mit vielen anderen während der Entstehungszeit von *The Great Dictator* über dessen Gestaltung diskutierte, wobei er ihn wie alle anderen auch als Resonanzboden benutzt hatte. Der Mann bestand auf einem Honorar als Koautor und einer Nennung im Filmvorspann, erhielt jedoch nur eine allerdings nicht unbeträchtliche finanzielle Entschädigung.

Schließlich beging Chaplin noch eine sorglosbewußte Provokation. »1947, als Washington gesetzliche Schritte unternahm, den deutschen Kommunisten Hanns Eisler, der heute ein Kulturzar im roten Deutschland ist, auszuweisen, besaß Chaplin die Unverschämtheit, in einem Telegramm an Pablo Picasso diesen zu bitten, er solle mit seinen Kommunistenkumpeln eine

Buster Keaton und Chaplin in »Limelight«

Demonstration vor der amerikanischen Botschaft in Paris veranstalten, *und bitte schicken Sie mir eine Kopie Ihres Protests, damit ich sie hier verwenden kann.«*[145] Mit diesen Worten beschrieb noch zehn Jahre später ein amerikanischer Journalist diesen Vorgang. Chaplin war nun endgültig zur Zielscheibe Nummer 1 der amerikanischen Volkswut geworden.

Inmitten all dieser privaten Schwierigkeiten brachte Chaplin es fertig, seinen letzten amerikanischen Film zu schreiben, zu komponieren und zu drehen. *Limelight* sollte jedoch seine Uraufführung nicht mehr in den USA haben. Schon kurz vor Abschluß der Arbeiten an diesem Film hatte Chaplin sein re-entry permit beantragt, das er, da nicht amerikanischer Staatsbürger, benötigte; er wollte sichergehen, daß man ihm bei seiner Wiedereinreise keine Schwierigkeiten bereiten würde. Dieses war

ihm nach langen Verhören gegeben worden. Am 18. September 1952 schiffte sich Chaplin mit seiner Familie zu einer Urlaubsreise nach Europa ein. Einen Tag später erließ der amerikanische Justizminister eine Anordnung an die Einwanderungsbehörden, Chaplin »bei dem Versuch seiner Wiedereinreise wie jeden Einwanderer so lange festzuhalten, bis ein Verhör ergeben habe, ob er nach den Gesetzen der USA in das Land einreisen dürfe«[146]. Nach einem Paragraphen des Einwanderungsgesetzes, das hier Anwendung finden sollte, konnten Ausländer aus Gründen der »Moral, Gesundheit oder Unzurechnungsfähigkeit sowie wegen Betreibung kommunistischer Ziele oder der Mitarbeit in kommunistischen oder prokommunistischen Organisationen«[147] abgewiesen werden. Auf Anfragen gab der Justizminister zu, diese Aktion schon länger geplant zu haben; er habe jedoch warten wollen, bis Chaplin das Land verlassen habe. Näheres wollte er nicht sagen, um Mr. Chaplin keine Hinweise zu geben.

»Als die kalifornische Organisation der American Legion dem Justizminister in Anerkennung seiner Aktion eine Plakette verlieh, erklärte er, daß die Beweislast Mr. Chaplin zufallen würde, sobald und wenn er die Frage seiner Rückkehr aufwerfen würde. Es könne Mr. Chaplin nicht gestattet werden, die Anschuldigungen, die gegen ihn vorgebracht wurden, im voraus zu wissen, aber die Last, sie zu widerlegen, würde ihm zufallen. Es ist leicht zu verstehen, warum er sich entschied, keinen Versuch der Rückkehr in unser Land zu unternehmen«[148], schrieb ein ehemaliges Mitglied des Planungsstabes beim Justizministerium.

Chaplin reagierte verbittert, zunächst aber vorsichtig: *Ob ich dieses unglückliche Land je wieder betrat oder nicht, bedeutete mir nur wenig. Ich hätte gerne gesagt, daß ich diese*

Linke Seite: Chaplin zur Zeit seiner Ausweisung aus den USA

haßerfüllte Atmosphäre so rasch wie möglich abschütteln wollte, daß die Beleidigungen, die Amerika mir zugefügt hatte, und seine moralische Aufgeblasenheit mir zum Halse heraushingen und daß das ganze Thema mir verdammt langweilig sei. Doch mein ganzes Vermögen befand sich in den Staaten, und ich hatte die größten Befürchtungen, man könne Mittel und Wege finden, es zu konfiszieren. Jetzt mußte ich mit größter Skrupellosigkeit rechnen. So gab ich also eine bombastische Erklärung ab, in der ich behauptete, daß ich zurückkehren und zu diesen Anschuldigungen Stellung nehmen würde.[149]

Erst als seine Frau, die als amerikanische Staatsbürgerin nicht daran gehindert werden konnte, dieses Problem gelöst hatte, ließ Chaplin seinem Ärger freien Lauf und trat während der nächsten zehn Jahre gern mit drastischen Äußerungen an die Öffentlichkeit. *Ich würde nicht dahin zurückkehren, wenn Jesus Christus Präsident wäre.*[150] Solche Töne trugen wenig dazu bei, Chaplins Gegner in den USA zu versöhnen. *Limelight* wurde ebenso wie *Monsieur Verdoux* boykottiert.

Europa unternahm alles, Chaplin seine Verachtung über das amerikanische Vorgehen spüren zu lassen. Seine Reise und sein neuer Film wurden ein triumphaler Erfolg. Nach dieser Reise und nach einem längeren Aufenthalt in London entschloß sich Chaplin auf Bitte seiner Frau, die inzwischen ihr fünftes Kind erwartete, sich in Vevey am Genfer See niederzulassen.

Moderne Zeiten

Mit *Limelight* begann Chaplins letzte Serie von Filmen, die allgemein mehr Kritik als Applaus hervorriefen. Man beklagte sich, Chaplin habe vergessen, daß man bei ihm lachen wolle, und er halte statt dessen Predigten. Auf die Beschwerde eines Kritikers, er habe aufgehört, ein guter Komiker zu sein, seit seine Filme Botschaften verkündeten, antwortete Chaplin: *Wenn wir älter werden, sind wir es nicht mehr zufrieden, immer auf derselben alten Linie weiterzugehen. Wir müssen durch irgend etwas sehr angeregt werden, bevor wir unsere Energie zusammenraffen können, um etwas zu tun. Und so glaube ich, daß es eben eines meiner Laster ist.*[151] »Diesem Laster« hat er niemals so extensiv gefrönt wie in *Limelight,* das er zeitweise als eine Art künstlerischen Testaments ansah. Um dies zu unterstreichen, setzte er seine sechs älteren Kinder in dem Film ein. Seine Halbbrüder Sydney Chaplin und Wheeler Dryden spielten kleinere Rollen, und selbst Edna Purviance fand noch einmal einen Platz in einem Chaplin-Film. Um die nostalgische Besetzung des Films abzurunden, setzte er noch zwei Komiker ein, mit denen er nie aufgetreten war, die seinerzeit aber bedeutende Komikerstars waren: Buster Keaton und Snub Pollard.

Hatte Chaplin in *The Circus* seine Arbeit, die Komödie, zum Thema genommen, so war es in diesem Film er selbst. Als Vorwand diente Chaplin der von ihm erlebte Niedergang eines großen Komikers namens Frank Tinny: *Einige Jahre später sah ich ihn wieder auf der Bühne und war erschüttert, denn die komische Muse hatte ihn verlassen. Er war so gehemmt, daß ich kaum glauben konnte, daß es derselbe Mensch war. Diese Veränderung in ihm gab mir Jahre später die Idee zu meinem Film »Limelight«. Mich interessierte, weshalb er seinen Esprit und seine Selbstsicherheit verloren hatte. In »Limelights« war es das Alter; Calvero alterte, mit grübelnder Selbstbetrachtung wuchs sein Gefühl für die eigene Würde, und das nahm ihm die intime Verbindung mit seinem Publikum.*[125]

Die Familie. Von links nach rechts: Annette, Jane, Eugene, Victoria, Josephine, James Christopher, Oona und Charles Chaplin, 1962

Calvero wurde von Chaplin mit allen Attributen eines gealterten Tramps ausgestattet: Calvero war, wie seine alten Plakate ausweisen, ein »Tramp Comedian«; er trinkt, wie es auch der Tramp nur zu gerne tat, und wie bei Chaplins Vater ist es sein Verderben. Auch der Dialog des Films verweist auf die Herkunft Calveros, wenn dieser sagt: *Irgend etwas an dieser Arbeit auf der Straße gefällt mir. Es ist der Tramp in mir, glaube ich.*[153] Dies sagt er, als er, wie damals in *The Vagabond,* als Straßengeiger arbeitet und mit seinem Los zufrieden zu sein

scheint. Ebenfalls direkt aus *The Vagabond* stammt das Motiv der Rettung des Mädchens durch Charlie, der sie wieder aufrichtet und sie ihrer wahren Bestimmung zuführt. Chaplins Sohn bestätigt diese Vermutung: »In jenen Tagen sprach er häufig vom kleinen Vagabunden, denn der Clown in *Limelight* ist in Wirklichkeit der kleine Vagabund, der inzwischen älter, weiser und melancholischer geworden ist.«[154]
Deutlicher als alles andere weist Calveros Verhältnis zu der Tänzerin Terry darauf hin, daß Chaplin mit *Limelight* einen ungewöhnlich persönlichen Film schuf. Sie ist jung, er ist alt; sie hat ein schmales Gesicht, langes dunkles Haar; er sieht Chaplin ähnlicher als irgendeine Person in einem früheren Chaplin-Film; Calvero hält sie für eine große Künstlerin (und irrt darin ebensowenig wie Chaplin), sie aber will gern auf eine Karriere verzichten, um sich ihm zu widmen; sie unterstützt ihn, als er es am nötigsten hat. Man kann davon ausgehen, daß sie ihn später sehr gut in den Griff bekommen hätte, ihn in seiner Schaffenskraft ermutigt und Eigenheiten des alten Mannes toleriert und korrigiert hätte; er liebt sie, sie liebt ihn, obwohl er das auf Grund des Altersunterschieds für Mitleid hält. In einem wunderschönen Dialog, der nicht von ungefähr zu den »sentimentalsten« und unwirklichsten gehört, versucht sie vergeblich, ihm begreiflich zu machen, daß ein junges Mädchen wie sie durchaus einen älteren Mann wie ihn lieben kann, und man glaubt ihr. Chaplin wäre mit Hohn und Spott übergossen worden, wenn er den Film damit hätte enden lassen, daß die beiden eine langjährige, glückliche Ehe führen; also schrieb er einen traditionelleren Schluß. Selbst das sentimentalste Rührstück darf nicht so kitschig sein wie das Leben selbst, denn es ist überdeutlich, daß Terry niemand anders ist als Oona Chaplin, von

der Chaplin selbst gesagt hat, *daß der Film an Oona eine große Komödiantin verloren hat*[155]. Mit *Limelight* hat Chaplin neben einer Meditation über das Altern eines Clowns vor allem ein Liebesgedicht auf seine Frau geschaffen, und niemand sollte es ihm verübeln, wenn er dieses Gedicht besser in Bildern als in Worten zu schreiben vermochte. Ihren schönsten Ausdruck findet diese Liebeserklärung natürlich auch bei diesem Film in der Pantomime: wenn Charlie als Clown die sterbende Colombine umtanzt und zu erheitern versucht, wenn er mit seinen komischen Imitationen das lebensmüde Mädchen aufmuntert oder wenn er schließlich, von ihr in seinem Glauben an sich selbst bestärkt, noch einmal in einem unvergleichlich komischen Auftritt sein Publikum vor Lachen zum Jubeln bringt und danach, mit unendlicher Zärtlichkeit aus den Kulissen blickend, sich von der tanzenden Terry verabschiedet. Der Film ist in mehrfacher Hinsicht das, was Chaplin schon vor Beginn der Dreharbeiten für eine Garantie seines späteren Erfolgs hielt: eine Liebesgeschichte.

Als niemand mehr einen Film von Chaplin erwartete, entschloß er sich, einen neuen Film zu beginnen, der seine Ansichten über Amerika dokumentieren sollte. Die schlimmsten Anfeindungen waren zwar inzwischen abgeklungen; sie schwollen jedoch mit unverminderter Stärke immer wieder an, sobald Chaplin seinen Gegnern einen neuen Anlaß gab – und Chaplin schien gerade das zu lieben. Er traf mit Tschu En-lai, Chruschtschow und Bulganin zusammen, akzeptierte einen Friedenspreis des »Weltfriedensrats«, der prompt vom amerikanischen Außenministerium als »der Welt vorderste Front des Kommunismus«[156] gebrandmarkt wurde, und ließ sich wenig Gelegenheiten entgehen, mit Anspielungen auf die

USA Schlagzeilen zu machen. Das Resultat dieser ständigen Scharmützel ist *A King in New York*.

Die Idee zu diesem Film entstand vielleicht in einem Gespräch mit Graham Greene, über das dieser berichtete: »Als Sie mich damals in Ihrem Heim empfingen, schlug ich vor, daß Charlie noch einmal in Erscheinung treten solle. In dieser möglichen Story liegt Charlie vernachlässigt und vergessen in einer Dachkammer in New York. Plötzlich wird er aus der Vergessenheit hervorgeholt, um vor dem Ausschuß für unamerikanische Aktivitäten in Washington über seine Vergangenheit auszusagen – wegen jenes seltsamen Zwischenfalls im Boxring, auf der Rollschuhbahn, weil er den Kahlkopf eines Senators mit Reispudding verwechselt hatte und wegen all der versteckten Bedeutungen des Brötchentanzes. Die Mitglieder des Ausschusses werden sich feierlich den Film ansehen und ihre vernichtenden Notizen niederschreiben.«[157]

Der fertige Film unterschied sich allerdings sehr von jener ersten Idee, König Shahdov, ein ins Exil vertriebener europäischer König, kommt nach Amerika, wo er unter anderem für Werbespots benutzt wird. Er freundet sich mit einem kleinen Jungen an, dessen Vater als Kommunist verhaftet worden ist. Die politischen Mächte bringen es schließlich dahin, daß der Junge Freunde seines Vaters als Kommunisten denunziert. Daraufhin beschließt der König, der ebenfalls seine Erfahrungen mit dem Ausschuß für unamerikanische Aktivitäten hatte sammeln müssen, wieder nach Europa zurückzukehren.

Der Film, von dem Chaplins Sohn sagt, er sei gegenüber der ursprünglichen Konzeption erheblich abgemildert worden, zeugt von einer ungebrochenen Verbitterung. Chaplin hat den

Claire Bloom und Chaplin in »Limelight«

Film in seiner Autobiographie nicht einmal erwähnt, und Freunde wollen wissen, er habe sich inzwischen weitgehend von ihm distanziert.[158] Wie jeder Chaplin-Film enthält natürlich auch dieser hervorragende Komödiensequenzen. Um einem Kellner, der ihn wegen der lauten Jazzkapelle nicht versteht, klarzumachen, daß er Kaviar haben wolle, imitiert Chaplin einen Fisch, dessen Bauch aufgeschlitzt und dessen Inhalt verzehrt wird; danach drückt er den Wunsch nach Schildkrötensuppe aus, indem er mit einem umgeklappten Teller auf seinem Handrücken den schweren Gang einer Schildkröte imitiert. Parodien auf das Fernsehen, CinemaScope-Filme und den Rock'n'Roll erinnern immer wieder daran, daß der Hersteller dieses Films ein großer Komiker ist.

A King in New York war lange nicht mehr zu sehen und ist in Amerika, wo er als einer der elf wieder freigegebenen Filme zum erstenmal gezeigt wurde, nicht sonderlich erfolgreich gewesen. Vielleicht wird eine größere Distanz zu den Ereignissen, die den Film prägten, oder eine neue Schule der Filmkritik auch diesen Film einmal in die Nähe von Chaplins großen Werken rücken. Heute wird er mit seltener Einmütigkeit als Fehlschlag gewertet.

Als Chaplin, der inzwischen nur noch durch

»A King in New York«

Geburtstage – eigene sowohl wie die neuer Kinder – und das Erscheinen seiner Memoiren Aufmerksamkeit erregt hatte, 1966 ankündigte, er wolle noch einen Film drehen, war dies eine der größten Sensationen, die je ein Filmprojekt hervorrief. *A Countess from Hongkong* war einer der meisterwarteten Filme der Filmgeschichte. Dies verhalf dem Film zu einem schweren Start, da es von den hochgespannten Erwartungen aus nur noch den Weg nach unten gab. Die Idee zu dem Film war schon alt. Ursprünglich war sie für Paulette Goddard und Gary Cooper gedacht, wie Chaplins Sohn berichtet. »Es war die Geschichte eines jungen Millionärs, der nach China fährt, in einem Tanzlokal eine dort angestellte Weißrussin kennenlernt und sich in sie verliebt.«[159]

Die Idee zu meinem Film entstand auf einer Reise nach Shanghai im Jahre 1931. Dort begegnete ich vielen Angehörigen bekannter russischer Adelsgeschlechter, die vor der Revolution geflohen waren. Als Rikschakulis und Tanzmädchen in billigsten Bars verdienten sie ihren kümmerlichen Lebensunterhalt. Als der Zweite Weltkrieg ausbrach, waren viele von der alten Generation nicht mehr am Leben. Die Jüngeren wanderten nach Hongkong aus. Und hier war die Situation noch weit schlimmer, denn die Hafenstadt wimmelte von Flüchtlingen. Das ist der Hintergrund des Films, mit dem ich versucht habe, diese romantische Komödie – so sehe ich den Film – glaubhaft zu machen.[160]

Der Film, der alle Elemente eines typischen Chaplin-Films enthielt, also komisch, sentimental, vor allem aber für seine Zeit ungewöhnlich statisch und dialogfreudig war, wurde allgemein als das Werk eines alten Mannes verrissen, der nicht wußte, wann er aufzuhören hatte. Chaplin hatte dies schon vorhergesehen.

Er wußte, daß der Film altmodisch erscheinen würde, *aber was macht es schon aus? Es ist nie altmodisch, das zu tun, was man am besten kann. Es ist ein Fehler, sich über nichts anderes Sorgen zu machen als darüber, wie man mit der Zeit Schritt halten kann.*[161] Und so sollte dieser unambitionierte Film vor allem dazu dienen, Chaplin zu einer neuen Selbstbestätigung zu verhelfen: *Es macht alles so viel Spaß. Jede Minute beweise ich mir etwas; ich weiß nicht, was es ist, aber – ich beweise mir, daß ich es kann. Ich habe etwas zu tun. Ich habe ein gemütliches Heim in der Schweiz, und ich könnte mir genausogut die Zeit vertreiben – Ski fahren und dieser ganze Unsinn –, aber ich habe schon immer mit Enthusiasmus gearbeitet. Manchmal war ich enthusiastischer, als die Arbeit es verdiente, glaube ich.*[162]

Ob *A Countess from Hongkong* seinen Enthusiasmus verdiente, kann heute noch nicht endgültig gesagt werden. Zu deutlich ist uns noch in Erinnerung, wieviel unmittelbarer wir durch »modernere« Filme angesprochen wurden, die gleichzeitig entstanden. Der Film wird sicher nie zu den großen Filmen Chaplins gezählt werden – zu deutlich und zahlreich sind die Schwächen des Werks, zu auffällig die Spuren altersbedingter Sorglosigkeit gegenüber scheinbar unwichtigen Details: Szenenanschlüsse sind schlecht montiert, Handlungsfäden werden, wenn nichts mehr mit ihnen anzufangen ist, einfach in der Luft hängengelassen, während andererseits die Geschichte denkbar umständlich erzählt wird. Die Musik wird immer wieder einfach ausgeblendet, wenn eine Szene zu Ende ist. Viele Trickaufnahmen sind sehr sorglos gemacht. All dies sind Anzeichen dafür, daß der pedantische Filmgestalter Chaplin für jene Gebiete, die ihn nie besonders interessierten, keine Energie mehr aufbrachte.

Regisseur Chaplin mit Sophia Loren und Marlon Brando (»A Countess from Hongkong«)

Demgegenüber steht jedoch eine geradezu magische Ausstrahlung auf das Gebaren der Schauspieler, die immer wieder, obwohl sie sich sehr von Chaplin unterscheiden, den Tramp durchscheinen lassen. Bei Marlon Brando, von dem man weiß, daß er sich heftig gegen Chaplins Versuche, ihn sich anzugleichen, gesträubt hat, wirkt dies falsch (etwa, wenn er zu Beginn der Verwicklungen beim Ertönen eines

Türsummers jedesmal aufspringt und wie der Tramp durch das Zimmer rudert). Hingegen bringen Sydney Chaplin und vor allem Sophia Loren die Zentralfigur früherer Chaplin-Filme immer wieder auf sehr glückliche Weise in Erinnerung. Als Sophia Loren angeblich nicht merkt, daß Brando müde ist, spielt sie Chaplins ganze Verlegenheitsskala durch, rutscht mit dem Arm von der Lehne und fixiert den Gegner mit dem aufdringlich-versöhnlichen Grinsen des Tramps. Als ihr »Mann« seine Gefühlsverwirrung in höchst merkwürdigen Verhaltensweisen ausdrückt, erinnert die Vielfalt ihrer Reaktionen allein in ihrem Gesicht auf geradezu beklemmende Weise an ihren Regisseur: die groß-staunenden Augen, der faszinierte Blick in die Kamera, der gleichzeitige Ausbruch empörten Protests und völliger Fassungslosigkeit, der jede Gesichtsregung im Ansatz einfriert. Über allem liegt die unverwechselbar chaplineske Stimmung aus optimistischer Melancholie, die immer wieder einzelnen Szenen eine magische Faszination verleiht, die ihnen bei ihrer Vorhersehbarkeit und schlechten Konstruktion gar nicht zustehen dürfte.

Dies dürfte ebenso wie die viel kritisierte Statik des Films dazu beigetragen haben, daß dieser schon heute sehr viel »wertbeständiger« ist, als die Premierenkritik wahrhaben wollte. Die Kritik an Chaplins erzkonservativer Kameraführung war dabei besonders unangebracht und gar nicht neu. Schon nach *The Gold Rush* hatte man Chaplin vorgeworfen, er sei allzu zurückhaltend mit den Möglichkeiten der Kamera umgegangen und habe Theater abgefilmt. Mit jedem neuen Chaplin-Film kamen dann neue Kritiker hinzu, die diese Feststellung neu aufwärmten. *The Gold Rush* ist für uns heute ebenso wie der seinerzeit wegen der gleichen Gründe vielgeschmähte *Modern Times* ein ungetrüb-

tes Vergnügen. Dennoch wurde die Technik von *A Countess from Hongkong* erneut am heftigsten kritisiert, als hätte niemand dazugelernt. *Ich wundere mich, daß einige Kritiker behaupten, meine Kameratechnik sei altmodisch und gehe nicht mit der Zeit. Mit welcher Zeit denn? Meine Technik ist das Ergebnis eigenen Nachdenkens, eigener Logik und eigener Auffassung: sie wurde von niemandem geborgt.*[163]
Das Zentrum von Chaplins Filmen war stets der Schauspieler, von dem durch die Technik des Films nicht abgelenkt werden durfte. *Raum und Linie, Komposition, Tempo und so weiter zu intellektualisieren, mag ganz interessant sein, doch hat es mit Schauspielkunst wenig zu tun und kann leicht zu trockenem Dogma werden. Es wird immer das Beste bleiben, wenn man sich um größtmögliche Einfachheit bemüht. Ich persönlich verabscheue alle Tricks ... Derartige pompöse Effekte stören die dramatische Handlung, sind langweilig und unerfreulich und werden fälschlicherweise mit dem vielstrapazierten Wort »Kunst« bezeichnet. Ich habe meine Kamera immer so aufstellen lassen, daß es möglich war, einen choreographischen Effekt zu erzielen; das heißt: eine Aufnahme muß die Bewegung des Schauspielers zeigen.*[164]
Dies bedeute, so warf man Chaplin vor, daß er nur Theater abfilme. Der Vorwurf greift jedoch zu kurz. Zwar sagte er: *Ich möchte nicht, daß die Kamera schauspielert*[165] – er setzt diese aber mit großer Sicherheit so ein, daß eine Situation stets optimal präsentiert wird. Über die Behandlung des Raums in *Shoulder Arms* wurde schon gesprochen. Eine andere berühmte Szene aus *The Gold Rush* zeigt den einsamen Charlie, der eine Bar betritt. Die Einstellung, mit der dies gezeigt wird, sagt über Charlies Gefühle und Situation nicht weniger aus als

dessen Spiel. Er steht, eine isolierte, dunkle Fläche, einsam vor einem bunten Wirrwarr von Menschenleibern. Der Kontrast besagt dabei schon fast alles.

Solches Ausnutzen der Möglichkeiten der Bildkomposition ist sicher nicht weniger filmisch als das virtuose Spiel mit den Möglichkeiten von Licht und Kamerabewegung. Einer der großen Vorzüge von *A Countess from Hongkong* war es, daß der Film dem Zuschauer die Ruhe ließ, einen Menschen aus der Entfernung und so lange zu betrachten, wie es angebracht war. Nicht zuletzt dieser Umstand macht ein Wiedersehen mit diesem Film nach einer langen Periode »filmischer« Filme so angenehm. Nicht zuletzt dieser Umstand wird ihn wohl auch noch bedeutend länger leben lassen, als einmal zu vermuten stand.

Ein König in New York

Ende der fünfziger Jahre setzte, von Amerika ausgehend, eine große Welle der Wiederentdeckung der Stummfilmkomödie ein. Dabei erlebten viele Filmfreunde und Kritiker zum erstenmal einen Komiker, der überraschenderweise Chaplin nicht nachstand: Buster Keaton. In zunehmendem Maße wurde dieser von den Kommentatoren daher erst neben, dann über einen Chaplin gestellt, um den sich die Kritiker – nicht zuletzt aus Unmut über seine jüngsten Filme – immer weniger kümmerten. 1968 schrieb ein Filmhistoriker: »Zu der Zeit, als dies geschrieben wird, ist der Niedergang von Chaplins Reputation bei der Kritik praktisch vollständig. 1939 widmete Lewis Jacobs ein ganzes Kapitel seines Buchs ›The Rise of the American Film‹ nur Chaplin, während er Keaton in knapp zwei Zeilen abtat. Zwei Generationen später ist die Situation so ziemlich umgekehrt, nur daß Chaplin froh sein kann, in einer gegenwärtigen Filmgeschichte zwei Zeilen Raum zu erhalten, weil die Einstellung zu ihm nicht nur schlichte Vernachlässigung, sondern ausgesprochen feindselige Stimmungen enthält. Diese Position ist ungerecht, aber nicht ganz unerklärlich. Es mußte einmal eine Reaktion gegen die vollkommen unkritische Lobhudelei kommen, die vom Ersten Weltkrieg bis in die fünfziger Jahre hinein andauerte.«[166]

Ein wesentlicher Faktor für diesen großen Stimmungsumschwung war die Tatsache, daß man zwar sehr wohl noch die Kritiken nachlesen, nicht aber die großen Filme selbst sehen

und die Berechtigung der Kritik überprüfen konnte. Mit Ausnahme von übel zugerichteten und miserabel kommentierten Verschnittversionen von Chaplins frühen Filmen und *A Countess from Hongkong* war jahrelang kein Chaplin-Film mehr zu sehen gewesen. Diese Situation veranlaßte eine Gruppe französischer Cineasten, die alle schon als Biographen Chaplins hervorgetreten waren, in einem offenen Brief Chaplin aufzufordern, angesichts der zunehmenden Geringschätzung seines Werks nicht länger seine Filme zu verstecken.
Chaplin reagierte schnell. Er hatte bereits für seinen 80. Geburtstag die Neuherausgabe von *The Circus* geplant. Zwei Jahre danach verkaufte er die Vertriebsrechte von elf seiner wichtigsten Filme, die von dem Filmmakler Mo Rothman, der sie für fünf Millionen Dollar Garantie erworben hatte, während der nächsten fünfzehn Jahre fast unbeschränkt ausgewertet werden durften.
Um die Filme mit möglichst lauter Fanfare starten zu können, bereitete Rothman einen großen Coup vor. Nachdem sich in Hollywood schon seit einiger Zeit die Stimmen gemehrt hatten, die danach riefen, dem größten Künstler, den diese Stadt je beherbergt hatte, nicht länger die kalte Schulter zu zeigen, entschloß man sich auf Rothmans Betreiben, Chaplin einen Ehren-Oscar für »die unschätzbaren Verdienste, die er sich darum erworben hat, den Film zur Kunstform des 20. Jahrhunderts zu machen«, zu verleihen. Chaplin wurde eingeladen, den Preis persönlich entgegenzunehmen. Seine Rückkehr nach Amerika wurde zu einem lauten Versöhnungsfest, das ihn selbst zutiefst rührte, bei vielen seiner Freunde jedoch einen etwas schalen Geschmack hinterließ.
Abgesehen von einigen Provokationen, mit denen Chaplins noch verbliebene Gegner unange-

nehm auffielen, war es vor allem der Umstand, daß dieses Versöhnungsfest den Ausrichtern mehr nutzte als dem Ehrengast, der in dem Trubel kaum mehr als notwendige Staffage war, der diesen Geschmack erzeugte. Chaplins Sohn Sydney traf die Situation, als er meinte, »daß kein Ereignis der letzten Jahre Amerikas Filmmetropole so sehr geholfen habe, wie die durch den Besuch ausgelöste internationale Publicity für das gesamte Filmwesen«[167].

Der Besuch in New York, das ihn diesmal tatsächlich wie einen König empfing, war »für die Chaplins eine Kette von Parties und Empfängen mit zwei Höhepunkten: der emotionellen Jubelfeier im Lincoln Center und der offiziellen Ehrung, in der Bürgermeister Lindsay dem Heimgekehrten die Händel-Medaille verlieh, die höchste kulturelle Ehrung der Stadt New York. Der ›Salut für Charlie Chaplin‹ in der Philharmonic Hall des Lincoln Center war eine jener teuren Zeremonien, in der New Yorks Schickeria vornehmlich sich selbst feiert.«[168] Chaplin traf die Creme der Gesellschaft – die anschließende Gala war natürlich nur den Inhabern der teuersten Plätze vorbehalten – und genoß es, *wieder daheim*[169] zu sein. »The Nation«, eine jener wenigen Zeitschriften, die schon das Verhalten des offiziellen Amerika bei Chaplins Vertreibung scharf kritisiert hatte, kritisierte es nun wieder, als Chaplin triumphal empfangen wurde: »Seine Heimkehr in seine Adoptivheimat war ein Triumph – aber ein sehr melancholischer, weil alle Auspizien falsch waren. Chaplins moralischer Wert ist durch diesen Besuch nicht wieder hergestellt; es gibt lediglich eine Verschwörung, vorzugeben, daß nichts von diesem geschmacklosen Unsinn jemals stattgefunden habe. Ebensowenig ist er zurückgekommen, weil ihn die Menschen liebten und vermißten. Sie mögen so empfunden haben, aber das war nicht der Sinn der Sache, und sie haben keine Chance bekommen, ihren Gefühlen Ausdruck zu verleihen. Er ist zurückgebracht worden, weil Geld aus ihm herausgeschlagen werden kann. Er wird eine Menge davon bekommen … aber er braucht es nicht. Andere aber sehen eine Chance, über ihn reich zu werden, was zu seiner besten Zeit niemand je fertiggebracht hatte. Ein ›Chaplin-Boom‹ muß angekurbelt werden, und sein gealtertes Fleisch und Blut werden benutzt, um ihn zu starten … So war es also eine traurige Rückkehr – Jahre zu spät und aus schäbigen Motiven. Wir hoffen, sie hat dem alten Mann nicht physisch oder psychisch weh getan, und wünschen ihm eine sichere Reise zurück in die Schweiz.«[170]

Nach seiner Rückkehr hielten sich hartnäckig die Gerüchte, Chaplin wolle sich noch einmal an die Realisierung eines Films heranwagen. Vor allem ein Projekt, das er schon Jahre zuvor für seine Tochter Victoria vorgesehen hatte, bevor diese ihn durch eine ihm nicht genehme Heirat enttäuschte, wurde in diesem Zusammenhang immer wieder erwähnt. Er trug den Titel »The Freak« und sollte von einem Geologen handeln, der »an einer unzugänglichen Stelle in Chile arbeitet und dort eines Tages eine Flügelfrau entdeckt, die sich einen Flügel gebrochen hat. Der Wissenschaftler pflegt das seltsame Wesen, und es entwickelt sich eine eigenartige Beziehung zwischen den beiden. Als die Nachricht von der Flügelfrau an die Außenwelt dringt, flüchtet diese und stürzt später über dem Meer ab.«[171]

Ein anderes Projekt, in dem Chaplins Sohn Sydney einen Ausbrecher spielen sollte, der Millionär wird, wurde von Chaplin ebenfalls immer wieder aufgegriffen und bearbeitet, und auch »Shadow and Substance«, das Projekt,

Chaplin mit seinem Oscar, Los Angeles, 11. April 1972

das er ursprünglich für Oona O'Neill vorgesehen hatte, tauchte von Zeit zu Zeit wieder auf. Nebenbei komponierte er weiterhin Musiken für seine Stummfilme, zuletzt für *A Woman of Paris,* der 1977 endlich wieder an die Öffentlichkeit gelangte. Nachrichten und Schaffens-

beweise wie diese ließen hoffen, daß sein hoffnungsfroher Ausblick, mit dem er in einem der letzten Absätze seiner Autobiographie diese als etwas verfrüht charakterisieren wollte, noch immer begründet war:

Und doch ist das Leben heute erregender für mich als je zuvor. Ich bin gesund und immer noch schöpferisch – und ich habe Pläne … Ich besitze noch einige nicht beendete Filmdrehbücher, würde aber auch gern ein Theaterstück oder eine Oper schreiben – wenn die Zeit es mir erlaubt.[172]

Inzwischen wissen wir, daß alle diese Hoffnungen vergeblich waren. Den immer spärlicher werdenden Berichten zufolge, die aus Manoir-de-Ban am Genfer See an die Öffentlichkeit drangen, wurde er nunmehr endgültig ein Opfer seiner rasch voranschreitenden Altersschwäche. Bereits 1973, als man für den biographischen Film *The Gentleman Tramp* ein Interview mit ihm aufnehmen wollte, war ihm nicht mehr abzuverlangen als drei oder vier Sätze von allgemein nostalgischer Natur, und der Regisseur mußte sich damit zufriedengeben, Chaplin in Begleitung seiner Frau oder befreundeter Schauspieler wie Walter Matthau beim Spaziergang in einem Park zu filmen. Bald danach konnte man ihn, wenn überhaupt, nur noch sehen, wenn er, fast gelähmt und halb blind, von seiner Frau im Rollstuhl durch die Stadt gefahren wurde.

In den ersten Morgenstunden des Weihnachtstages 1977 starb Charles Spencer Chaplin. Mit ihm hatte die Welt des Films einen jener wenigen Künstler verloren, die jeden Aspekt eines Werkes selbst prägten. Chaplin war sich dieser Besonderheit auch bewußt. Während der Aufnahmen zu *Monsieur Verdoux* erzählte er einem Darsteller namens Robert Lewis eine bezeichnende Anekdote. Als Kind habe er gerne sei-

nem Großvater, dem Schuhmacher, gegenübergesessen und ihn beobachtet, wie er einen Schuh anfertigte. Er arbeitete Tag und Nacht daran, wenn es nötig war, bis der Schuh fertig war. *Dann hob er seine Schöpfung hoch, und ein großer Friede kam über ihn, als ob er sagen wollte: »Ich habe das gemacht, den ganzen Schuh; niemand kann mir diesen Schöpfungsakt mehr wegnehmen; ich bin zufrieden.«*[173]
Darin lag vor allem die Grundlage von Chaplins Einzigartigkeit und der großen Befriedigung, die dieser Filmkünstler immer wieder bei seinem Publikum erzeugt: auch er machte stets den ganzen Schuh allein.

Anhang

Anmerkungen

1 Alfred Polgar: »Ja und Nein« Bd. 3: »Noch allerlei Theater«. Berlin 1926. S. 226–228
2 Zit. n. Sergej M. Eisenstein: »Charlie Chaplin«. Zürich 1961. S. 19
3 Zit. n. Maria Prigge-Kruhoeffer: »Die Chaplin-Legende«. In: »Der Scheinwerfer«, November 1927, S. 19
4 Zit. n. James P. O'Donnell: »Charlie Chaplin's Stormy Exile«. In: »The Saturday Evening Post« vom 8. März 1958, S. 98
5 Mary Parr: »James Joyce. The Poetry of Conscience«. Milwaukee 1962
6 Parker Tyler: »The Dream-America of Kafka and Chaplin«. In: »The Three Faces of the Film«. New York 1967. S. 86
7 *Die Geschichte meines Lebens.* Frankfurt a. M. 1964. S. 13
8 Ebd., S. 17
9 Ebd., S. 24
10 Ebd., S. 31
11 Ebd., S. 33
12 Ebd., S. 42
13 So geradlinig, wie Chaplins Theaterkarriere hier in Anlehnung an seine Autobiographie geschildert ist, dürfte sie nicht verlaufen sein. Theodore Huff berichtet in seiner Biographie Charles Chaplins, daß dieser bereits am 15. Januar 1900 im Londoner Hippodrom spielte und bei der Uraufführung von James Barries »Peter Pan« am 27. Dezember 1904 als einer der Wölfe mitwirkte. Dies geschah in jedem Fall vor der Premiere von »The Painful Predicament of Sherlock Holmes«, die am 3. Oktober 1905 stattfand.
14 *Geschichte,* a. a. O., S. 97

15 John McCabe: »Mr. Laurel & Mr. Hardy«. New York 1966. S. 23
16 *Geschichte,* a. a. O., S. 99
17 Unübersetzbarer Titel. Bedeutet etwa »Possenreißende Vögel«
18 McCabe, a. a. O., S. 27
19 Ebd.
20 Terry Ramsaye: »A Million and One Nights«. New York 1964. S. 646.
Über den genauen Wortlaut des Telegramms, die Schreibung des Namens und den Absender gibt es widersprechende Überlieferungen. Ich habe mich für die älteste entschieden, deren Detailangaben (Putnam Bldg) sie von allgemeiner gehaltenen Überlieferungen bzw. rekonstruierten Adressenangaben unterscheiden.
21 Interessenten, die mehr über diesen Abschnitt der Filmgeschichte wissen wollen, sollten sich die in der Bibliographie genannten Bücher von Kalton C. Lahue besorgen.
22 *Geschichte,* a. a. O., S. 140
23 Kevin Brownlow: »The Parade's Gone By«. London 1968. S. 498
24 *Geschichte,* a. a. O., S. 146
25 Chaplin und nahezu alle Biographen schieben einmütig Lehrman die Hauptschuld zu, der zwar ein fähiger Regisseur, zugleich aber auch ein selbst für Hollywood-Verhältnisse ungewöhnlich eitler Mensch gewesen zu sein scheint. Erstaunlicherweise berichtet Chaplin selbst in seiner ersten, allerdings sehr fehlerhaften Biographie, die er bald wieder zurückzog, von einem extrem geduldigen Regisseur.
26 Zit. n. Gerald D. McDonald, Michael Conway und Mark Ricci: »The Films of Charlie Chaplin«. New York 1965. S. 26
27 *Charlie Chaplin's Own Story.* Indianapolis 1916; zit. n. Donald W. McCaffrey: »Focus on Chaplin«. New York–London 1971. S. 38
28 *Geschichte,* a. a. O., S. 147
29 Charles Chaplin jr.: »Mein Vater Charlie Chaplin«. Konstanz 1961. S. 25
30 Ebd., S. 46

31 McCaffrey, a. a. O., S. 77
32 Brownlow, a. a. O.
33 Richard Meryman: »Ageless Master's Anatomy of Comedy«. In: »Life« vom 10. März 1967, S. 90
34 *Geschichte*, a. a. O., S. 149
35 Davide Turconi: »Mack Sennett«. Paris 1966. S. 114
36 Fred J. Balshofer und Arthur C. Miller: »One Reel a Week«. Los Angeles 1967. S. 114
37 *Geschichte*, a. a. O., S. 159
38 Ebd., S. 195
39 Robert Lewis Taylor: »W. C. Fields – His Follies and Fortunes«. New York 1967. S. 7
40 Chaplin jr., a. a. O., S. 216
41 Michael Kerbel: »A Countess from Hongkong«. In: »Film Comment«, September 1972, S. 28
42 Bertolt Brecht: »Schriften zum Theater«, Bd. 2 (1918-1933). Berlin–Weimar 1964. S. 30
43 *Geschichte*, a. a. O., S. 156
44 Ebd., S. 170
45 Ebd., S. 175
46 *How I Made My Success*. In: »The Theater«, September 1915; zit. n. McCaffrey, a. a. O., S. 46
47 *Geschichte*, a. a. O., S. 147
48 Meryman, a. a. O.
49 Robert L. Stevenson: »Dr. Jekyll und M. Hyde«, zit. n. Ullstein TB Nr. 2668, S. 57
50 Meryman, a. a. O., S. 83
51 Theodore Huff: »Charlie Chaplin«. New York 1972. S. 50
52 Meryman, a. a. O., S. 83
53 Buster Keaton und Charles Samuels: »My Wonderful World of Slapstick«. London 1967. S. 126
54 Huff, a. a. O., S. 3
55 Ebd.
56 *Geschichte*, a. a. O., S. 190 (Mr. Caulfield war der von der Mutual beauftragte Produktionsleiter.)
57 Ebd., S. 191
58 Ebd., S. 213

59 Ebd., S. 210
60 Ebd., S. 192
61 Ebd., S. 216
62 Louis Delluc: »Charlie Chaplin«. London 1922; zit. n. McCaffrey, a. a. O., S. 100
63 *Geschichte,* a. a. O., S. 221
64 Gilberto Perez Guillermo: »The Chaplin Revue«. In: »Film Comment«, September 1972, S. 11
65 Peter Cotes und Thelma Niklaus: »The Little Fellow«. London 1952. S. 142
66 Da der Film erst drei Monate vor Kriegsende gestartet wurde, bekamen ihn die meisten erst danach zu sehen.
Dies ist eine typische Ungenauigkeit um eines Effekts willen, wie sie in Chaplins Autobiographie sehr häufig vorkommt.
67 *Geschichte,* a. a. O., S. 222
68 Ebd., S. 230–241 (zusammengefaßt)
69 »The New York Times« vom 8. Dezember 1919; zit. n. McDonald, Conway und Ricci, a. a. O., S. 162
70 Robert Payne: »Der große Charlie«. München 1964. S. 110
71 In: »Filmkritik«, November 1957, S. 164
72 Eisenstein, a. a. O.
73 *Geschichte,* a. a. O., S. 264
74 Ebd., S. 265
75 *My Trip Abroad.* New York 1922
76 Wolfram Schütte: »Charlies Auferstehung, Tod und Verklärung«. In: »Frankfurter Rundschau« vom 4. März 1972, S. VIII
77 Ivor Montagu: »With Eisenstein in Hollywood«, Berlin 1968. S. 90
78 Meryman, a. a. O., S. 86
79 *Geschichte,* a. a. O., S. 301
80 O'Donnell, a. a. O., S. 94
81 Ebd.
82 Chaplin jr., a. a. O., S. 175
83 Walter Benjamin: »Rückblick auf Chaplin«. In: »Literarische Welt« vom 8. Februar 1929; zit. n. Dieter Prokop: »Materialien zur Theorie des Films«. München 1971. S. 82
84 Regie: Erich von Stroheim, USA 1922

85 Herman G. Weinberg: »The Lubitsch Touch«. New York 1971, S. 52
86 Regie: Ernst Lubitsch, USA 1924
87 *Geschichte*, a. a. O., S. 303
88 William K. Everson: »A Woman of Paris«. In: »Film Comment«, September 1972, S. 15
89 René Clair: »Vom Stummfilm zum Tonfilm«, München 1952. S. 75
90 Ebd., S. 76
91 Josef von Sternberg: »Ich, Josef von Sternberg«. Velber b. Hannover 1967. S. 39
92 Forsyth Hardy: »Grierson on Documentary«. London 1946. S. 39; zit. n. A. Goetz und H. Bantz: »Josef von Sternberg«. Mannheim 1966. S. 48
93 Robert Florey im Gespräch mit dem Autor, 1974
94 *Geschichte*, a. a. O., S. 307
95 Meryman, a. a. O., S. 94
96 Stanley Kauffmann: »The Gold Rush«. In: »Horizon«, Summer 1963, S. 45
97 In: »Frankfurter Zeitung« vom 6. November 1916; zit. n. Siegfried Kracauer: »Kino«. Hg. von Karsten Witte. Frankfurt a. M. 1974. S. 165f.
98 Kauffmann, a. a. O., S. 46
99 *Geschichte*, a. a. O., S. 308
100 David Bordwell: »The Circus«. In: »Film Comment«, Autumn 1970, S. 40
101 Chaplin jr., a. a. O., S. 41
102 Zit. n. McDonald, Conway und Ricci, a. a. O., S. 189
103 Chaplin jr., a. a. O., S. 41
104 Mary Pickford: »Sunshine and Shadow«. New York 1955, S. 233
105 Chaplin jr., a. a. O., S. 43
106 Brownlow, a. a. O., S. 577
107 Ebd.
108 In: »Los Angeles Times Annual Review« 1928; zit. n. Presseheft zu »City Lights«, Berlin 1972
109 Meryman, a. a. O., S. 92
110 Payne, a. a. O., S. 129
111 Stanley Kauffmann: »City Lights«. In: »Film Comment«, September 1972, S. 19

112 Egon Erwin Kisch: »Paradies Amerika«. Berlin 1930. S. 148

113 *Geschichte,* a. a. O., S. 125

114 Ebd., S. 334

115 Ein beliebter viktorianischer Roman von Thomas Hardy, der auch mehrmals verfilmt wurde.

116 Jack Hamilton: »Charlie and his Countess«. In: »Look« vom 19. April 1966, S. 103

117 *Geschichte,* a. a. O., S. 389

118 Ebd., S. 59 f.

119 Ebd., S. 389

120 Manfred Brauneck (Hg.): »Die Rote Fahne. Kritik, Theorie, Feuilleton 1918–1933«. München 1973. S. 426

121 Hans Bunge: »Fragen Sie mehr über Brecht. Hanns Eisler im Gespräch«. München 1970. S. 59

122 Die ersten Worte des Tramps:
El pwu el se domtroco
La spinach or la tuko
Cigaretto toto torlo
E rusho spagaletto
  Senore ce la tima
  Voulez-vous la taxi meter
  Le jonta tu la zita
  Je le tu le tu le twa
La der la ser pawnbroker
Lusern apprer how mucher
E se confess a potcha
Ponka walla ponka wa
Zit. n. Donald W. McCaffrey: »Four Great Comedians«. London 1968. S. 49

123 *Geschichte,* a. a. O., S. 398

124 Ebd., S. 324

125 Chaplin jr., a. a. O., S. 190

126 Zit. n. »Frankfurter Rundschau« vom 9. März 1973

127 Im Original: »... bis ins kleinste von Chaplin ihn selbst zitierende Gesten nachweisen.« Dieser durch Druckfehler entstellte Satz wurde nach Rücksprache mit dem Autor korrigiert.

128 Wolfram Schütte: »Bedeutendste Satire des

Films«. In: »Frankfurter Rundschau« vom 9. März 1973

129 Diesen Hinweis sowie mehrere andere, die in die folgenden Textbeispiele eingearbeitet wurden, verdanke ich Karsten Witte, der in einem Referat anläßlich eines NS-Film-Seminars auf diesen Film verwies.

130 Max Horkheimer und Theodor W. Adorno: »Dialektik der Aufklärung«. Amsterdam 1947. S. 177

131 Brownlow, a. a. O., S. 135

132 *Geschichte,* a. a. O., S. 415

133 Ebd., S. 426

134 Zit. n. Terry Hickey: »Accusations against Chaplin for Political and Moral Offenses«. In: »Film Comment« Vol. 5, No. 4, S. 53 (Original in »Times« vom 4. Dezember 1942, S. 15)

135 Paul Vincent Carroll: »Shadow and Substance«. Joan Barry sollte die Rolle der Bridget, eines irischen Mädchens, das von einem zynischen Domherrn verfolgt wird, spielen.

136 Auch Staatsanwälte sind in den USA wählbar.

137 George H. Dunne: »I Remember Chaplin«. In: »Commonweal« vom 2. Juni 1972, S. 305

138 Zit. n. Hickey, a. a. O., S. 48

139 Chaplin jr., a. a. O., S. 281

140 *Geschichte,* a. a. O., S. 428

141 »Charlie Chaplin's Monsieur Verdoux«. Verdoux-Press Conference, 12. April 1947. In: »Film Comment«, Vol. 5, No. 4, S. 35

142 Filmdialog, zit. n. »Theater Arts«, June 1947, S. 47

143 Frankreich 1962 (Buch: Françoise Sagan)

144 *Geschichte,* a. a. O., S. 457

145 O'Donnell, a. a. O., S. 20

146 Im Wortlaut in Joe Hembus: »Charlie Chaplin und seine Filme«. München 1972 (= Heyne-Buch. 976). S. 43

147 Zit. n. Hickey, a. a. O., S. 44

148 Louis J. Halle: »Foreign Relations and Domestic Behaviour«. In: »The Saturday Review« vom 13. Oktober 1956, S. 47

149 *Geschichte,* a. a. O., S. 473

150 »Why Chaplin Paid Up?« In: »Newsweek« vom 12. Januar 1959, S. 15
151 Vgl. Anm. 141; a. a. O., S. 39
152 *Geschichte,* a. a. O., S. 263
153 Filmdialog, zit. nach einer Bandaufnahme der Originalfassung
154 Chaplin jr., a. a. O., S. 305
155 *Geschichte,* a. a. O., S 443
156 »Double Play: Chaplin to Robeson to Malenkow«. In: »The Saturday Evening Post« vom 4. September 1954, S. 11
157 Graham Greene: »Dear Mr. Chaplin«. In: »The New Republic« vom 13. Oktober 1952
158 Harold Clurman: »Oona, Oxford, America and the Book«. In: »Esquire«, November 1962, S. 181
159 Chaplin jr., a. a. O., S. 174
160 Zit. n. »Illustrierter Film-Kurier« 169, München 1967
161 »The Custard Pie of Creation«. In: »Newsweek« vom 6. Juni 1966, S. 61
162 Ebd.
163 *Geschichte,* a. a. O., S. 255
164 Ebd., S. 254
165 »The Custard Pie of Creation«, a. a. O.
166 David Robinson: »Hollywood in the Twenties«. London 1968. S. 120
167 Zit. n. »Film-Echo« vom 22. April 1972
168 Sabina Lietzmann: »Triumph des Tramps«. In: »Frankfurter Allgemeine Zeitung« vom 10. April 1972
169 »Charlie Comes Home«. In: »Newsweek« vom 17. April 1972, S. 49
170 »Modern Times«. In: »The Nation« vom 24. April 1972, S. 518
171 Zit. n. »Frankfurter Rundschau« vom 6. September 1973
172 *Geschichte,* a. a. O., S. 498
173 Robert Lewis: »Charlie's Whole Shoe«. In: »Theater Arts«, June 1947, S. 32

Nachwort

Ich möchte nicht versäumen, mich bei all jenen zu bedanken, die mit ihrer Hilfe, ihrer Zeit oder ihren Materialien dazu beigetragen haben, dieses Buch entstehen zu lassen. Vor allem gilt mein Dank Wilhelm Staudinger, dem Leiter des Chaplin-Archivs, dessen bewundernswerte Sammlung meine Arbeit wesentlich erleichterte und der mit folgenden Ausnahmen alle Fotos zur Verfügung gestellt hat: S. 6 (dpa); S. 158 (Tobis); S. 170 (United States Information Service); S. 191 (dpa).
Für Hilfe bei der Textzusammenstellung danke ich vor allem Karsten Witte, der viele alte Texte ausfindig machte und beim Überarbeiten des Manuskripts half; ferner dem Amerika-Haus Frankfurt a. M., das mir viele amerikanische Quellen zur Verfügung stellte, sowie folgenden Personen, deren verschiedenartige Unterstützung einzeln aufzuführen hier kein Platz ist: Kevin Brownlow, Robert Florey, Winfried Günther, Joe Hembus, Paul Liwa, Wolfgang Gielow, Heiner Ross, Paul Sauerlaender, Walter Schobert, Wolfram Schütte, John E. Stone sowie Lisa und Hannelore Tichy.
Darüber hinaus steht natürlich jeder, der sich mit Chaplin beschäftigt, in der Schuld aller bisherigen Biographen, von denen ich stellvertretend den verstorbenen Theodore Huff nennen möchte, ohne dessen Vorarbeiten ein großer Teil der Chaplin-Literatur nicht hätte geschrieben werden können.

Zeittafel

1889 16. April: Charles Spencer Chaplin in London geboren
1894 Erster Bühnenauftritt in Aldershot. Umzug in das Armenhaus von Lambeth, Besuch der Hanwell School
1896 Chaplins Mutter kommt in eine Heilanstalt
1897 Chaplin schließt sich den Eight Lancashire Lads an
1898 (?) Chaplins Vater stirbt
1900 Engagement in »Giddy Ostend« am Londoner Hippodrom
1901 Titelrolle in »Jim, the Romance of a Cockney«. Danach Tournee mit »Sherlock Holmes«
1904 Am 27. Dezember spielt Chaplin einen der Wölfe in der Premiere von James Barries »Peter Pan«
1905 Am 3. Oktober hat »The Painful Predicament of Sherlock Holmes« im Londoner Westend Premiere
1906 Engagement in »Casey's Court Circus«. Ende des Jahres wird Chaplin von Fred Karno engagiert
1908 Erste Liebe: Hetty Kelly
1909 Tournee nach Paris
1910 Erste Amerika-Tournee
1912 Zweite Amerika-Tournee
1913 Im Frühjahr wird Chaplin von der Keystone Company engagiert. Seine Filmarbeit beginnt im November
1914 Am 2. Februar hat der erste Chaplin-Film *Making a Living* Premiere. In diesem Jahr entstehen 35 Filme
1915 Mit *His New Job* am 1. Februar hat der erste von vierzehn Filmen Premiere, die Chaplin bis 1916 für die Essanay dreht, darunter *The Tramp, Work* und *The Bank*

1916 *The Floorwalker*, der erste von zwölf Filmen der Mutual, hat am 15. Mai Premiere. Unter diesen Filmen zählen *The Vagabond, Easy Street* (1917) und *The Immigrant* zu den bedeutendsten. *Charlie Chaplin's Own Story*, die erste Autobiographie, erscheint

1917 Chaplin beendet seinen Vertrag mit der Mutual und schließt bei der First National den ersten Vertrag der Filmgeschichte über einen Betrag von mehr als einer Million Dollar ab

1918 *A Dog's Life.* Liberty Bond Tournee mit Mary Pickford und Douglas Fairbanks. *The Bond, Shoulder Arms.* Chaplin heiratet Mildred Harries am 23. Oktober

1919 *Sunnyside, A Day's Pleasure.* Das einzige Kind aus Chaplins Ehe mit Mildred Harris stirbt kurz nach der Geburt. Gründung der United Artists

1920 Dreharbeiten zu *The Kid.* Die Ehe mit Mildred Harris scheitert und wird im November geschieden

1921 *The Idle Class.* Erste Europa-Reise

1922 *My Trip Abroad*, das Buch über die Europa-Reise, erscheint. *Pay Day*

1923 *The Pilgrim.* Am 1. Oktober hat Chaplins erster United Artists-Film, zugleich sein erster Film, in dem er (fast) nur Regie führte, Premiere: *A Woman of Paris*

1924 Heirat mit der sechzehnjährigen Lillita McMurray alias Lita Grey

1925 Chaplins erster Sohn, Charles, wird im Juni geboren. *The Gold Rush*

1926 Sydney Chaplin wird im März geboren

1927 Im Januar wird Lita Greys Scheidungsklage veröffentlicht. Am 22. August erst wird die Ehe geschieden. »The Jazz Singer«, der dem Tonfilm zum Durchbruch verhalf, hat am 6. Oktober Premiere

1928 *The Circus.* Chaplins Mutter stirbt im Juni

1929 Chaplin erhält den ersten Oscar für *The Circus*

1931 *City Lights.* Zweite Europa-Reise

1932 Ausdehnung dieser Reise um die Welt. Chaplin trifft im Juni bei einer Party Paulette Goddard

1936 *Modern Times*

1940 *The Great Dictator*
1942 Chaplin trifft Joan Barry und plant »Shadow and Substance«. Propagierung der zweiten Front
1943 Am 23. März beginnt der erste Barry-Prozeß wegen Verletzung des Mann Act. Am 4. April wird Chaplin freigesprochen. Am 3. Juni wird er auf Vaterschaft von Joan Barrys Kind Carol Ann verklagt. Am 16. Juni heiratet er die achtzehnjährige Oona O'Neill, die Tochter des Dramatikers Eugene O'Neill
1944 Im April wird Chaplin fälschlich als Vater Carol Ann Barrys zu einer Alimentenzahlung verurteilt. Im August wird Chaplins Tochter Geraldine geboren. Mildred Harris stirbt
1946 Michael John Chaplin wird im Januar geboren
1947 *Monsieur Verdoux.* Neue und letzte Dauerkampagne gegen Chaplin aus politischen Gründen. Im November bittet er Picasso, sich für Hanns Eisler einzusetzen
1949 Im März wird Josephine Chaplin geboren. Chaplin wird wiederholt vom Komitee für unamerikanische Aktivitäten vorgeladen
1950 Chaplin verkauft seine Anteile an der United Artists
1951 Geburt von Victoria Chaplin im Mai
1952 *Limelight.* Am 18. September verläßt Chaplin mit seiner Familie die USA. Einen Tag später weist Justizminister James P. McGranery die Einwanderungsbehörden an, Chaplin beim Versuch einer Wiedereinreise bis zur Feststellung seiner Loyalität festzusetzen. Daraufhin entschließt sich Chaplin, nicht mehr zurückzukehren
1953 Im Januar läßt sich Chaplin in Vevey am Genfer See nieder. Oona liquidiert Chaplins amerikanisches Vermögen. Eugene Chaplin wird im August geboren
1954 Oona Chaplin nimmt die britische Staatsbürgerschaft an. Chaplin erhält den Internationalen Friedenspreis
1957 Jane Chaplin wird im Mai geboren. *A King in New York*
1958 Edna Purviance stirbt am 13. Januar
1959 Im Dezember wird Annette Emily Chaplin ge-

boren. Chaplin beginnt mit der Arbeit an seinen Memoiren

1962 Chaplin wird Ehrendoktor der Universität Oxford. Zehn Tage danach wird sein zehntes Kind, James Christopher Chaplin, am 8. Juli geboren

1964 Im September erscheint *My Autobiography*

1967 *A Countess from Hongkong*

1968 Charles Chaplin jr. stirbt am 21. März

1969 Die französischen Filmkritiker veröffentlichen den Brief, der Chaplin zur Neuherausgabe seiner Filme veranlaßt

1971 Chaplin gibt elf seiner Filme zur Wiederaufführung frei

1972 Im April unternimmt Chaplin seine vielpublizierte Werbe- und Versöhnungsreise in die USA, wobei er seinen zweiten Oscar erhält

1976 *The Gentleman Tramp*

1977 25. Dezember: Charlie Chaplin stirbt in Manoir-de-Ban/Schweiz

Zeugnisse

Franz Kafka

Das ist ein sehr energischer, arbeitsbesessener Mann. In seinen Augen qualmt die Glut der Verzweiflung über die Unveränderlichkeit des Niedrigen, doch er kapituliert nicht. Wie jeder echte Humorist hat er ein Raubtiergebiß. Damit geht er auf die Welt los. Er tut es auf eine ihm eigene Art. Er ist – trotz des weißen Gesichts und der dunklen Augenreifen – kein sentimentaler Pierrot, aber auch kein bissiger Kritiker. Chaplin ist Techniker. Er ist Mensch in einer Maschinenwelt, in der die Mehrzahl seiner Mitmenschen nicht mehr über das notwendige Gefühl und Gedankenwerkzeug verfügt, um sich das ihnen verliehene Leben wirklich anzueignen. Sie haben keine Phantasie. Also beginnt Chaplin zu arbeiten. Wie ein Zahntechniker falsche Gebisse, so erzeugt er Phantasieprothesen. Das sind seine Filme. Das ist der Film überhaupt.
Gustav Janouch: »Gespräche mit Kafka«. 1951

Kurt Tucholsky

Komisch ist alles: komisch ist der Gang, komisch die Füße, komisch das Hütchen und komisch der Rhythmus dieser gleitenden, sehr sparsamen Bewegungen … Warum hat eine Welt über diesen Film gelacht? Weil er an die Urinstinkte appelliert. Weil er überall siegen muß, wo es nur Andeutungen einer Zivilisation gibt. Weil hier ein Sieger des Lebens ist, der zwar den Unterdrückten angehört, aber doch – mit allen Mitteln arbeitend – triumphiert …
Man möchte die Arme aufheben und ihm zurufen: Gott sei Dank, daß es dich gibt! Dein Herzblut hat

dein Gehirn passiert – du fühlst mit dem Kopf und denkst mit dem Herzen ... In deinen Filmen ist echteste Menschlichkeit und tiefste Logik des Herzens.
»The Kid«. 1923

Alfred Polgar

... dieser Mensch, der da ... seine wunderlichen Wege watschelt, ist vom Himmel gefallen. Er hat keine Heimat und keine Abkunft, kein Woher und kein Wohin, er ist rundherum ganz und gar einzeln, ohne Bedingtheit durch Nahes und Fernes, er ist nicht geworden, sondern so, mit Stöckchen, zerflossenen Schuhen und unverlierbarem Hut, aus der Hand Gottes gesprungen. Er geht ohne Ziel durch die Zeit, durch den Raum ... Es kann ihr [Chaplins Erscheinung] alles geschehen, aber es kann ihr nichts geschehen: denn sie kommt aus dem Märchen und kehrt wieder heim ins Märchen, ist dem Augenblick nur wie geliehen von der Ewigkeit, treibt sich unter Menschen umher wie ein Kobold, der von einem guten Geist in ihresgleichen (zu unerforschlichem Zweck) verwandelt ward.
Aus diesem verstohlen Märchenhaften fließt der Zauber der Chaplin-Gestalt, das Ewig-Kindliche in uns tief befriedigend und beglückend ... Alles Witzige und Rührende, Feine und Drastische dieses wunderbaren Filmspielers wird, wie Text durch Musik, gebunden durch seine vollkommene Grazie. Sie erzeugt die spezifische Chaplin-Welle, die Ströme von Sympathie in den Raum sendet.
»Ja und Nein«. 1926

Béla Balázs

Was Charlie Chaplin betrifft, scheint es mir immer mehr, daß er nicht nur als Filmschauspieler, sondern viel mehr noch als Filmdichter groß ist. Er ist der Meister jener unliterarischen, spezifischen Filmsubstanz, von der kluge europäische Theoretiker träumen. Er bringt nie eine fertig ausgedachte, fest

komponierte Fabel, die er nachträglich mit Leben füllt (wie man die flüssige Bronze in die fertige Form gießt). Er fängt nicht mit der Idee, nicht mit der Form, sondern mit der lebendigen Materie der Einzelwirklichkeiten an. Er formt sie nicht, sondern läßt sie nur wachsen und sich entfalten wie eine lebendige Pflanze. Er pfropft sie mit seinem Herzblut und züchtet sie, veredelt sie zu tieferer Bedeutung. Er ist kein Bildhauer der toten Materie, sondern Kunstgärtner des lebendigen Lebens.
Der Tag (Wien), 27. April 1923

René Clair

Chaplin gibt uns Vertrauen und macht uns zu Filmbesessenen. Er ist ein Beispiel dafür, daß es der Geist mit der Industrie, mit Fließband und Dollarbilanzen aufnehmen kann. Er läßt uns ihre Strohpuppen, Magnaten und Dschungelgesetze vergessen. Deshalb können wir ihn unserer Liebe, Ehrfurcht und Dankbarkeit gar nicht genug versichern.
»Vom Stummfilm zum Tonfilm«. 1952

Jean-Luc Godard

Er ist über alles Lob erhaben, denn er ist der Größte. Was sollte man sonst sagen? Der einzige Regisseur auf jeden Fall, der ohne Mißverständnis das so heruntergekommene Adjektiv »menschlich« verkraften kann. Von der Erfindung der Sequenzeinstellung in *The Champion* bis zu der des Cinéma-Vérité in der Schlußrede von *The Great Dictator* hat Charles Spencer Chaplin, der immer am Rand des ganzen Kinos blieb, diesen Rand schließlich mit mehr Dingen (wie soll man sonst sagen: Ideen, Gags, Intelligenz, Ehre, Schönheit, Gesten?) ausgefüllt als alle anderen Regisseure zusammen.
»Lexikon der amerikanischen Regisseure«. In: Cahiers du Cinéma«, Dezember 1963; zit. n. Godard: »Kritiker«. München 1971

Chaplins Filme

Die folgende Filmographie stützt sich auf die Bücher von Gerald D. McDonald, Michael Conway und Mark Ricci, Uno Asplund, Kalton C. Lahue, Jean Mitry und Theodore Huff (s. Bibliographie), vor allem aber auf mein eigenes Studium fast aller Filme Chaplins, die ich mir eigens für diesen Zweck habe ansehen können. Die Zuordnungen der Rollen habe ich allein nach dem eigenen Augenschein vorgenommen, weil alle Bücher darin mehr oder weniger fehlerhaft und/oder unvollständig sind. Schauspieler, die in diesen Quellen angeführt werden, von mir aber nicht in den mir zugänglichen Kopien identifiziert werden konnten, habe ich ohne Zuordnung aufgeführt. Bei Filmen, die ich nicht eigens für diesen Zweck studieren konnte, habe ich Zuordnungen übernommen, deren Quellen für jeden Film genannt werden. Für die Längenangaben habe ich den amerikanischen Begriff der Rollen übernommen. Eine Rolle läuft bei der richtigen Geschwindigkeit (16 B/sec) der frühen Stummfilme bis ca. 1918 etwa 16 Minuten lang, bei der der späten Stummfilme (ca. 20 B/sec) etwa 13 Minuten lang und bei der Standardgeschwindigkeit der Tonfilme (24 B/sec) etwa 10 Minuten lang. Die Reihenfolge ist die der Uraufführungs-Daten.
Die von mir aufgeführten deutschen Übersetzungen sind lediglich Verständnishilfen und entsprechen eher zufällig gelegentlich den tatsächlich von deutschen Verleihern gewählten Titeln. Da diese oft sehr willkürlich sind und zudem nicht selten bei der Neuherausgabe eines Films verändert werden, habe ich jeden Versuch, diese Titel zu sammeln, unterlassen. Lediglich dort, wo ein gebräuchlicher deutscher Titel dem Original ungefähr entsprach, habe ich ihn ohne Berücksichtigung etwaiger kleiner Ungenauigkeiten übernommen (z. B. »Goldrausch« statt »Der Gold-

rausch« oder »Rampenlicht« statt »Scheinwerferlicht«).

1. *Making a Living* [Man schlägt sich durch]
USA 2. Februar 1914 – Regie: Henry Lehrman; Kamera: E. J. Vallejo
Mit Charles Spencer Chaplin, Henry Lehrman (Reporter); Minta Durfee (der Flirt); Virginia Kirtley (das junge Mädchen); Alice Davenport (ihre Mutter); Chester Conklin (Polizist) [1 Rolle]

2. *Kid Auto Races at Venice* [Seifenkistenrennen in Venice]
USA 7. Februar 1914 – R: Henry Lehrmann; K: Frank D. Williams (Williams führte von diesem Film an bei allen Chaplin-Keystones die Kamera; er wird daher nicht mehr aufgeführt.)
Mit Charles Chaplin (Tramp); Henry Lehrman (Regisseur); Billy Jacobs, Thelma Salter, Gordon Griffith, Charlotte Fitzpatrick (Kinder) [1/2 Rolle (herausgebracht zusammen mit dem Dokumentarfilm »Olives and Their Oil«)]

3. *Mabel's Strange Predicament* [Mabel in peinlicher Lage]
USA 9. Februar 1914 – R: Henry Lehrman und Mack Sennett
Mit Mabel Normand (Hotelgast); Charles Chaplin (Betrunkener); Harry McCoy (Mabels Mann); Chester Conklin (sein Freund); Alice Davenport (Conklins Frau); Al St. John (Liftboy); Hank Mann (Hotelgast) [1 Rolle]

4. *Between Showers* [Zwischen zwei Regenschauern]
USA 28. Februar 1914 – R: Henry Lehrman
Mit Ford Sterling (Schirmdieb); Charles Chaplin (Tramp); Emma Clifton (das Mädchen); Chester Conklin (Polizist); Sadie Lampe (Hausangestellte) [1 Rolle]

5. *A Film Johnnie* [Ein Filmfan]
USA 2. März 1914 – R: Mack Sennett
Mit Ford Sterling (Keystone-Schauspieler); Henry Lehrman (Regisseur); Roscoe Arbuckle (er selbst); Minta Durfee (sie selbst); Charles Chaplin (Filmfan); Edgar Kennedy (Regisseur); Virginia Kirtley (Schauspielerin) [1 Rolle]

6. *Tango Tangles* [Tangoverwicklungen]
USA 9. März 1914 – R: Mack Sennett
Mit Charles Chaplin (Ballgast); Ford Sterling (Bandleader); Roscoe Arbuckle (Klarinettist); Minta Durfee (Garderobenmädchen); Al St. John (Ballgast in Sträflingskleidung); Alice Davenport (gewichtige Dame); Chester Conklin (Ballgast im Polizistenkostüm [?]) [1 Rolle] (Die Tatsache, daß Mack Sennett in seiner Autobiographie Conklin als einen der Darsteller dieses Films nennt, ließ ihn in alle Filmographien rücken. Im Film selbst ist er nicht mit Sicherheit auszumachen.)

7. *His Favorite Pastime* [Sein liebster Zeitvertreib]
USA 16. März 1914 – R: Georges Nichols
Mit Charles Chaplin (trinkfreudiger Bargast); Roscoe Arbuckle (sein Thekennachbar); Peggy Pearce (Frau auf der Straße); Harry McCoy (Hausbewohner) [1 Rolle]

8. *Cruel, Cruel Love* [O grausame Liebe]
USA 26. März 1914 – R: George Nichols (Gesamtleitung: Mack Sennett)
Mit Charles Chaplin (Lord Helpus); Minta Durfee (seine Angebetete); Chester Conklin, Alice Davenport [1 Rolle] (Quelle: Uno Asplund)

9. *The Star Boarder* [Der Lieblingsgast]
USA 4. April 1914 – R: George Nichols (Gesamtleitung: Mack Sennett)
Mit Charles Chaplin (der Lieblingsgast); Minta Durfee (die Hausfrau); Gordon Griffith (ihr Sohn); Edgar Kennedy (ihr Mann); Alice Davenport (dessen Flirt); Harry McCoy, Hank Mann (Logiergäste) [1 Rolle]

10. *Mabel at the Wheel* [Mabel am Steuer]
USA 18. April 1914 – R: Mabel Normand und Mack Sennett
Mit Charles Chaplin (Bösewicht); Mabel Normand (Sportfreundin); Chester Conklin (ihr Vater); Harry McCoy (ihr Freund); Mack Swain, Mack Sennett (Rennzuschauer); Fred Mace, Joe Bordeaux (Gauner); Al St. John, William Seiter [2 Rollen]

11. *Twenty Minutes of Love* [Zwanzig Minuten Liebe]
USA 20. April 1914 – R: ... Madden
Mit Charles Chaplin (Tramp); Minta Durfee, Edgar Kennedy (Liebende); Hank Mann (Schlafender); Gordon Griffith (Junge); Joseph Swickard, Chester Conklin, Emma Clifton [1 Rolle]

12. *Caught in a Cabaret* [In einer Spelunke ertappt]
USA 27. April 1914 – R: Mabel Normand und Charles Chaplin
Mit Charles Chaplin (Kellner); Mabel Normand (reiches Mädchen); Harry McCoy (ihr Freund); Chester Conklin (Kellner); Alice Howell, Minta Durfee (Animiermädchen); Edgar Kennedy (Barbesitzer); Mack Swain (Mann auf Parkbank/brutaler Spelunkengast/Gast auf Mabels Party); Vivian Edwards, Cecile Arnold, Phyllis Allen (Frauen auf der Straße); Alice Davenport, Joseph Swickard (Mabels Eltern), Gordon Griffith (Lausejunge); Bobby Vernon, Hank Mann, Wallace McDonald (Partygäste); Leo White [2 Rollen]

13. *Caught in the Rain* [Im Regen ausgesperrt]
USA 4. Mai 1914 – Buch und R: Charles Chaplin
Mit Charles Chaplin (Betrunkener); Alice Davenport (die Dame); Mack Swain (ihr Mann); Alice Howell (Mädchen auf der Straße) [1 Rolle]

14. *A Busy Day* [Ein toller Tag]
USA 7. Mai 1914 – B und R: Charles Chaplin
Mit Charles Chaplin (die Frau); Mack Swain (»ihr« Mann); Alice Howell [?] (sein Flirt) [1/2 Rolle (herausgebracht zusammen mit dem Dokumentarfilm »The Morning Papers«)]

15. *The Fatal Mallett* [Der verhängnisvolle Holzhammer]
USA 1. Juni 1914 – R: Mabel Normand, Charles Chaplin und Mack Sennett
Mit Mabel Normand (hübsches Mädchen); Mack Sennett, Charles Chaplin, Mack Swain (Rivalen um ihre Gunst) [1 Rolle]

16. *Her Friend the Bandit* [Ihr Freund, der Bandit]
USA 4. Juni 1914 – R: Mabel Normand und Charles Chaplin
Mit Charles Chaplin (Bandit); Mabel Normand (sein Flirt); Charles Murray (der Graf) [1 Rolle] (Quelle: Gerald D. McDonald, Michael Conway und Mark Ricci) (Dies ist der einzige Chaplin-Film, von dem keine Kopie mehr zu existieren scheint.)

17. *The Knockout* [Der Knockout]
USA 11. Juni 1914 – R: Mack Sennett [?]
Mit Roscoe Arbuckle (der Herausforderer); Minta Durfee (seine Freundin); Al St. John (sein Manager); Edgar Kennedy (Cyclone Flynn); Hank Mann (Tramp mit Augenbinde); Mack Swain (pistolenbewaffneter Boxfan); Mack Sennett (Boxfan mit Strohhut); Charles Chaplin (Schiedsrichter), Slim Summerville, Charlie Chase, Joe Bordeaux, Eddie Cline [2 Rollen]

18. *Mabel's Busy Day* [Mabels toller Tag]
USA 13. Juni 1914 – R: Mabel Normand und Charles Chaplin
Mit Mabel Normand (Würstchenverkäuferin); Charles Chaplin (ihr »Beschützer«); Edgar Kennedy (Polizist); Billie Bennett, Chester Conklin, Harry McCoy, Wallace MacDonald, Slim Summerville, Al St. John, Charlie Chase [1 Rolle]

19. *Mabel's Married Life* [Mabels Eheleben]
USA 20. Juni 1914 – R: Mabel Normand und Charles Chaplin
Mit Charles Chaplin (der Ehemann); Mabel Normand (seine Frau); Mack Swain (Tennisspieler); Charles Murray (Mann an der Bar); Hank Mann

(Thekensteher); Alice Davenport (empörte Hausbewohnerin); Alice Howell (Hausbewohnerin); Harry McCoy, Wallace MacDonald (Thekensteher [?]) [1 Rolle]

20. *Laughing Gas* [Lachgas]
USA 9. Juli 1914 – B und R: Charles Chaplin
Mit Charles Chaplin (Zahnarztgehilfe), Bobby Dunn (sein Kollege); Fritz Schade (Dr. Pain, Zahnarzt); Alice Howell (seine Frau); Minta Durfee (Patientin); Joseph Swickard (Lachgasopfer); Mack Swain, Slim Summerville (Männer auf der Straße, später Patienten); Joe Sutherland, Hank Mann (Patienten) [1 Rolle]

21. *The Property Man* [Der Requisiteur]
USA 1. August 1914 – B und R: Charles Chaplin
Mit Charles Chaplin (Requisiteur); Phyllis Allen, Joe Bordeaux (Dramaspieler); Fritz Schade (der starke Mann); Cecile Arnold (seine Partnerin); Vivian Edwards, Norma Nichols (Tänzerinnen); Mack Sennett (ihm »stinkt« die Show); Slim Summerville, Harry McCoy (im Publikum); Charles Bennett, Lee Morris [2 Rollen]

22. *The Face on the Barroom Floor* [Das Gesicht auf dem Boden der Bar]
USA 10. August 1914 – B: Charles Chaplin nach der Ballade von Hugh Antoine d'Arcy; R: Charles Chaplin
Mit Charles Chaplin (Maler); Cecile Arnold (seine Frau); Fritz Schade (ihr Geliebter); Vivian Edwards (Modell); Chester Conklin (Wirt); Hank Mann, Harry McCoy, Charlie Chase, Wallace MacDonald, Fritz Schade (Bargäste) [1 Rolle]

23. *Recreation* [Erholung]
USA 13. August 1914 – B und R: Charles Chaplin
Mit Charles Chaplin (Tramp); Charles Murray [?] (Seemann); Norma Nichols (das Mädchen) [1/2 Rolle] (Quelle: Uno Asplund). (Herausgebracht zusammen mit dem Dokumentarfilm »The Yosemite«.)

24. *The Masquerader* [Die Maskerade]
USA 27. August 1914 – B und R: Charles Chaplin
Mit Charles Chaplin (Schauspieler); Roscoe Arbuckle (Schauspieler); Charles Murray (Regisseur); Fritz Schade (Schurkendarsteller); Minta Durfee (Schauspielerin); Vivian Edwards, Cecile Arnold (zwei Filmfans); Harry McCoy, Charlie Chase (Schauspieler); Chester Conklin (Charlies Ersatz) [1 Rolle]

25. *His New Profession* [Sein neuer Beruf]
USA 31. August 1914 – B und R: Charles Chaplin
Mit Charles Chaplin (Krankenwärter); Fritz Schade (sein Opfer); Charlie Chase (dessen Neffe); Minta Durfee, Norma Nichols, Harry McCoy, Cecile Arnold [1 Rolle]

26. *The Rounders* [Die Zechtouristen]
USA 7. September 1914 – B und R: Charles Chaplin
Mit Charles Chaplin (Mr. Full); Phyllis Allen (Mrs. Full); Roscoe Arbuckle (Mr. Fuller); Minta Durfee (Mrs. Fuller), Cecile Arnold (Mädchen in der Hotelhalle); Al St. John (Hotelpage); Fritz Schade (Gast im Restaurant); Vivian Edwards (seine Begleiterin); Charlie Chase, Wallace MacDonald (Restaurantgäste, Verfolger) [1 Rolle]

27. *The New Janitor* [Der neue Hausmeister]
USA 24. September 1914 – B und R: Charles Chaplin
Mit Charles Chaplin (Hausmeister); Jack Dillon (der diebische Angestellte); Minta Durfee (Sekretärin); Fritz Schade (Direktor); Al St. John (Liftboy) [1 Rolle]

28. *Those Love Pangs* [Liebesqualen]
USA 10. Oktober 1914 – B und R: Charles Chaplin
Mit Charles Chaplin (der Liebeskranke); Vivian Edwards (sein erster Flirt); Edgar Kennedy (ihr Freund); Chester Conklin, Cecile Arnold (Liebespaar); Norma Nichols (3. Mädchen); Harry McCoy, Slim Summerville (Kinobesucher) [1 Rolle]

29. *Dough and Dynamite* [Mehl und Dynamit]
USA 26. Oktober 1914 – B und R: Charles Chaplin
Mit Charles Chaplin, Chester Conklin (Kellner); Fritz Schade (Inhaber); Norma Nichols (seine Frau); Cecile Arnold, Vivian Edwards (Serviererinnen); Slim Summerville (einer der Bäcker), Charlie Chase (Gast); Phyllis Allen (von Charlies Mehlsack bedrängter Gast); Wallace MacDonald, Edgar Kennedy [2 Rollen]

30. *Gentlemen of Nerve* [Männer ohne Nerven]
USA 29. Oktober 1914 – B und R: Charles Chaplin
Mit Charles Chaplin (streitlustiger Rennbesucher); Chester Conklin (Rennbesucher); Mabel Normand (seine Begleiterin); Mack Swain (Besucher ohne Eintrittsgeld); Phyllis Allen (Chesters Flirt); Slim Summerville (unter den Zaungästen), Charlie Chase (Besucher in der Reihe hinter Conklin); Edgar Kennedy, Alice Davenport [1 Rolle]

31. *His Musical Career* [Seine musikalische Karriere]
USA 7. November 1914 – B und R: Charles Chaplin
Mit Charles Chaplin, Mack Swain (Transporteure); Fritz Schade (Mr. Rich); Alice Howell (seine Frau); Charlie Chase (Musikalienhändler); Joe Bordeaux (armer Musiker); Norma Nichols (dessen Frau); Cecile Arnold (Mr. Richs Dienstmädchen) [1 Rolle]

32. *His Trysting Place* [Der Ort seines Stelldicheins]
USA 9. November 1914 – B und R: Charles Chaplin
Mit Charles Chaplin (Familienvater); Mabel Normand (seine Frau); Mack Swain (zweiter Ehemann); Phyllis Allen (seine Frau); Minta Durfee (seine Freundin); Joe Bordeaux (Mann an der Bar); Charlie Chase (Mann auf der Straße vor der Bar) [2 Rollen]

33. *Tillie's Punctured Romance* [Tillies gestörte Romanze]
USA 14. November 1914 – B: Hampton del Ruth nach dem Musical »Tillie's Nightmare« von Edgar Smith (Buch) und A. Baldwin Sloane (Musik); Regie: Mack Sennett
Mit Marie Dressler (Tillie); Charles Chaplin (der kleine Gauner); Mabel Normand (seine Freundin); Mack Swain (Tillies Vater); Chester Conklin (Barsänger/Mr. Whoozis); Harry McCoy (Pianist); Fritz Schade (Kellner), Charles Bennet (Tillies reicher Onkel); Alice Howell (Kellnerin); Fritz Schade (Koch); Edgar Kennedy (deren Chef); Billie Bennet (Dame auf der Party); Harry McCoy (tanzender Partygast); Mack Swain (Straßenarbeiter); Gordon Griffith (Zeitungsjunge); Al St. John, Slim Summerville, Eddie Sutherland, Hank Mann (Polizisten); Joe Bordeaux, Charlie Chase, Alice Davenport, Minta Durfee, C. G. Ligon, Wallace MacDonald, Charles Murray, Phyllis Allen [6 Rollen]

34. *Getting Acquainted* [Man lernt sich kennen]
USA 5. Dezember 1914 – B und R: Charles Chaplin
Mit Charles Chaplin (Parkbesucher); Phyllis Allen (seine Frau); Mack Swain (sein autobesessener Freund); Mabel Normand (dessen Frau); Edgar Kennedy (Polizist); Cecile Arnold (blondes Mädchen); Harry McCoy (flirtender junger Mann) [1 Rolle]

35. *His Prehistoric Past* [Seine prähistorische Vergangenheit]
USA 7. Dezember 1914 – B und R: Charles Chaplin
Mit Charles Chaplin (Weakchin); Mack Swain (König Lowbrow); Gene Marsh (seine Favoritin); Fritz Schade (Hofnarr); Al St. John (Höhlenmensch); Cecile Arnold (Höhlenmädchen) [2 Rollen]

36. *His New Job* [Sein neuer Job]
USA 1. Februar 1915 – B u. R: Charles Chaplin; K. William C. Foster (in nahezu allen Filmographien wird als Kameramann dieses Films und aller folgenden Filme Roland H. Totheroh genannt. In einem Interview [»Film Culture« (New York), Spring 1972] bestreitet Totheroh jedoch die Richtigkeit dieser Angabe. Zwar habe er Chaplin bereits kennengelernt, als beide bei verschiedenen Produktionsgruppen der Essanay waren, er sei jedoch erst am 6. März 1916 zu Chaplin gestoßen, wo er zunächst mit dessen Kameramann William C. Foster zusammengearbeitet habe. Obwohl sie im Widerspruch zu allen anderen Quellen steht, habe ich dieser als einzig verfügbaren Information aus erster Hand, die zudem in Details sehr genau und in sich stimmend ist, den Vorzug gegeben. Danach war Foster bei den Essanays und zumindest den ersten Mutuals erster Kameramann. Totheroh war bei den ersten Mutuals zweiter und bei den übrigen sowie allen First Nationals alleiniger Kameramann. Fosters Weggang konnte ich nicht datieren.)
Mit Charles Chaplin (der Arbeitsuchende); Ben Turpin (sein Rivale); Frank J. Coleman (Regisseur); Charlotte Mineau (die Diva); Leo White (Sekretär/Darsteller im Husarenkostüm); Charles Insley (Requisiteur); Bud Jamison (Hauptdarsteller); Gloria Swanson (Sekretärin); Agnes Ayres, Billy Armstrong [2 Rollen]

37. *A Night Out* [eine durchzechte Nacht]
USA 15. Februar 1915 – B und R: Charles Chaplin
Mit Charles Chaplin, Ben Turpin (Zechbrüder); Leo White (feiner Herr); Bud Jamison (Oberkellner); Edna Purviance (seine Frau); Fred Goodwins (Portier des 2. Hotels) [2 Rollen]

38. *The Champion* [Der Champion]
USA 11. März 1915 – B und R: Charles Chaplin
Mit Charles Chaplin (Herausforderer); Bud Jamison (Weltmeister); Lloyd Bacon (Trainer); Edna

Purviance (seine Tochter); Leo White (Wettbetrüger); G. M. Anderson (enthusiastischer Boxfan); Carl Stockdale, Billy Armstrong, Fred Goodwins (Sparringpartner); Ben Turpin (Verkäufer) [2 Rollen]

39. *In the Park* [Im Park]
USA 18. März 1915 – B und R: Charles Chaplin
Mit Charles Chaplin (Tramp); Edna Purviance (Kindermädchen); Leo White (Verliebter); Margie Reiger (seine Angebetete); Bud Jamison (Ednas Verehrer); Billy Armstrong (Dieb); Lloyd Bacon (Würstchenverkäufer); Ernest van Pelt (Polizist) [1 Rolle]

40. *Introducing Charlie Chaplin* [Wir stellen vor: Charlie Chaplin]
USA 31. März 1915 (Copyrightdatum) – Produktion: Wallace Carlson (Promotions-Film der Essanay [1/2 Rolle])

41. *A Jitney Elopement* [Die Entführung im Münztaxi]
USA 1. April 1915 – B und R: Charles Chaplin
Mit Charles Chaplin (Tramp); Edna Purviance (Edna); Fred Goodwins (ihr Vater); Leo White (der Graf); Paddy McGuire (der Butler); Lloyd Bacon (Diener); Bud Jamison, Carl Stockdale, Ernest van Pelt (Polizisten) [2 Rollen]

42. *His Regeneration* [Seine Bekehrung]
USA … 1915 – R: G. M. Anderson
Mit G. M. Anderson, Lee Willard, Marguerite Clayton, Hazel Applegate und Charles Chaplin in einem Gastauftritt als Tramp [1 Rolle]

43. *The Tramp* [Der Tramp]
USA 11. April 1915 – B und R: Charles Chaplin
Mit Charles Chaplin (Tramp); Edna Purviance (das Mädchen); Fred Goodwins (ihr Vater); Paddy McGuire (Farmgehilfe); Lloyd Bacon (Ednas Verlobter); Leo White, Bud Jamison (Gauner); Billy Armstrong, Ernest van Pelt [2 Rollen]

44. *By the Sea* [Am Meer]
USA 29. April 1915 – B und R: Charles Chaplin
Mit Charles Chaplin (Tramp); Billy Armstrong (Betrunkener); Margie Reiger (dessen Freundin); Edna Purviance (schöne Frau am Strand); Bud Jamison (ihr Mann); Carl Stockdale, Ben Turpin [1 Rolle]

45. *Work* [Arbeit]
USA 21. Juni 1915 – B und R: Charles Chaplin
Mit Charles Chaplin (Malergehilfe); Charles Insley (Malermeister); Paddy McGuire (dessen Bekannter); Marta Golden (Hausfrau); Billy Armstrong (ihr Mann); Edna Purviance (Dienstmädchen); Leo White (Verehrer der Hausfrau) [2 Rollen]

46. *A Woman* [Eine Frau]
USA 12. Juli 1915 – B und R: Charles Chaplin
Mit Charles Chaplin (Tramp, später als Frau verkleidet); Charles Insley (Ehemann); Marta Golden (seine Frau); Edna Purviance (seine Tochter); Margie Reiger (sein Flirt); Billy Armstrong (sein Rivale); Leo White (Mann im Park) [2 Rollen]

47. *The Bank* [Die Bank]
USA 16. August 1915 – B und R: Charles Chaplin
Mit Charles Chaplin (Hausmeister); Billy Armstrong (2. Hausmeister); Edna Purviance (Sekretärin); Carl Stockdale (Kassierer); Bud Jamison (Wechselverkäufer und Anführer der Einbrecher); Charles Insley (Bankpräsident); Paddy McGuire (einer der Kollegen des Kassierers); John Rand, Wesley Ruggles, Frank J. Coleman (Einbrecher); Lloyd Bacon, Fred Goodwins, Carrie Clarke Ward, Leo White [2 Rollen]

48. *Shanghaied* [Schanghait]
USA 4. Oktober 1915 – B und R: Charles Chaplin
Mit Charles Chaplin (Tramp); Wesley Ruggles (Schiffseigner); Edna Purviance (dessen Tochter); John Rand (Kapitän); Leo White, Paddy McGuire, Fred Goodwins (Seeleute); Bud Jamison (Maat); Billy Armstrong (Koch); Lawrence A. Bowes [2 Rollen]

49. *A Night in the Show* [Ein Abend im Varieté]
USA 20. November 1915 – B und R: Charles Chaplin nach der Farce »Mumming Birds« von Fred Karno u. a.
Mit Charles Chaplin (Mr. Pest/Mr. Rowdy); Wesley Ruggles, Leo White (Zuschauer in der 1. Reihe); James T. Kelly (Posaunist); Paddy McGuire (Klarinettist); John Rand (Dirigent); Charlotte Mineau (Zuschauerin); Edna Purviance (perlenbehangene Zuschauerin); Bud Jamison (Ednas Mann/großer Sänger); Dee Lampton (fetter Junge); May White (Schlangenbeschwörerin); Fred Goodwins, Carrie Clarke Wand, Charles Insley, Phyllis Allen [2 Rollen]

50. *Carmen* [auch: *Charlie Chaplin's Burlesque on Carmen*]
USA 22. April 1916 – B und R: Charles Chaplin nach der Novelle von Prosper Mérimée und dem Film von Cecil B. DeMille
Mit Charles Chaplin (Darn Hosiery); Edna Purviance (Carmen); Jack Henderson, Ben Turpin (Schmuggler); Leo White (Offizier); John Rand (Escamillo); May White (Frasquita); Bud Jamison (Soldat); Wesley Ruggles (Vagabund); Lawrence A. Bowes, Frank J. Coleman [4 Rollen] (Quelle: Uno Asplund). (In Chaplins Fassung vom 12. Dezember 1915 gab es nur zwei Rollen.)

51. *The Floorwalker* [Der Ladenaufseher]
USA 15. Mai 1916 – B und R: Charles Chaplin; K: Roland H. Totheroh und William C Foster [s. Nr. 36]
Mit Charles Chaplin (Charlie); Lloyd Bacon (Ladenaufseher); Albert Austin (Verkäufer); Eric Campbell (Geschäftsführer); Edna Purviance (Sekretärin); Charlotte Mineau (Detektivin); James T. Kelly (Liftboy); Leo White (Kunde), Henry Bergman (Hausmeister mit Gießkanne); Stanley Sandford (Detektiv); Frank J. Coleman, Bud Jamison [2 Rollen]

52. *Police* [Polizei]
USA 27. Mai 1916 – B und R: Charles Chaplin
Mit Charles Chaplin (entlassener Sträfling); Wesley Ruggles (Einbrecher); Leo White (Obstverkäufer/Asylinhaber/Polizist); Billy Armstrong, John Rand (Polizisten); James T. Kelly (Betrunkener/Asylgast); Bud Jamison (Asylgast); Edna Purviance (Hausbewohnerin); Fred Goodwins, Frank J. Coleman [2 Rollen]

53. *The Fireman* [Der Feuerwehrmann]
USA 12. Juni 1916 – B und R: Charles Chaplin
Mit Charles Chaplin, Albert Austin, Henry Bergman, James T. Kelly, Stanley Sandford (Feuerwehrmänner); Eric Campbell (Feuerwehrhauptmann); Edna Purviance (seine Freundin); Lloyd Bacon (ihr Vater); Leo White (Besitzer des brennenden Hauses); Frank J. Coleman, John Rand [2 Rollen]

54. *The Vagabond* [Der Vagabund]
USA 10. Juli 1916 – B und R: Charles Chaplin
Mit Charles Chaplin (Vagabund); Edna Purviance (verschlepptes Mädchen); Charlotte Mineau (ihre Mutter); John Rand, Albert Austin, Frank J. Coleman, James T. Kelly (Musiker); Leo White (gieriger Bargast/alte Zigeunerin); Eric Campbell (grober Zigeuner); John Rand, Frank J. Coleman, James T. Kelly (Zigeuner); Lloyd Bacon (Maler) [2 Rollen]

55. *One A. M.* [Ein Uhr nachts]
USA 7. August 1916 – B und R: Charles Chaplin
Mit Charles Chaplin (Betrunkener); Albert Austin (Taxifahrer) [2 Rollen]

56. *The Count* [Der Graf]
USA 4. September 1916 – B und R: Charles Chaplin
Mit Charles Chaplin (Schneidergeselle); Eric Campbell (sein Meister); Edna Purviance (Erbin); Leo White (Graf); Charlotte Mineau (Ednas Mutter); James T. Kelly (Diener); Albert Austin (Gast);

Eva Thatcher (Köchin); Frank J. Coleman (Polizist); Leota Bryan, Loyal Underwood, Stanley Sandford, John Rand [2 Rollen]

57. *The Pawnshop* [Das Pfandhaus]
USA 2. Oktober 1916 – B und R: Charles Chaplin
Mit Charles Chaplin (Gehilfe des Pfandleihers); Henry Bergman (Pfandleiher); Edna Purviance (seine Tochter); John Rand (Charlies Kollege); Albert Austin (Mann mit der Uhr); James T. Kelly (Frau mit Goldfisch); Wesley Ruggles (Schauspieler); Eric Campbell (Dieb); Frank J. Coleman (Polizist) [2 Rollen]

58. *Behind the Screen* [Hinter der Leinwand]
USA 13. November 1916 – B und R: Charles Chaplin
Mit Charles Chaplin (Bühnenarbeiter); Eric Campbell (sein Meister); Edna Purviance (abgewiesene Bewerberin); Frank J. Coleman (Regieassistent); James T. Kelly (Kameramann); Henry Bergman (Kostümfilmregisseur); Lloyd Bacon (Komödienregisseur); Charlotte Mineau (Schauspielerin); Albert Austin, John Rand, Leo White (Bühnenarbeiter); Leota Bryan, Wesley Ruggles, Tom Wood [2 Rollen]

59. *The Rink* [Die Rollschuhbahn]
USA 4. Dezember 1916 – B und R: Charles Chaplin
Mit Charles Chaplin (Kellner); John Rand (sein Kollege/Polizist); Eric Campbell (Mr. Stout); Henry Bergman (Mrs. Stout/Gast); Albert Austin (Koch/Rollschuhfahrer/Gast auf Ednas Party); Edna Purviance (Edna); James T. Kelly (ihr Vater); Charlotte Mineau (Ednas Freundin); Lloyd Bacon (Gast auf Ednas Party); Leota Bryan [2 Rollen]

60. *Easy Street*
USA 22. Januar 1917 – B und R: Charles Chaplin
Mit Charles Chaplin (Tramp, später Polizist); Edna Purviance (Missionsarbeiterin); Albert Au-

stin (Pfarrer); Janet Miller Sully, John Rand (Missionsbesucher); James T. Kelly (Missionsarbeiter); Eric Campbell (der Hüne); John Rand, Albert Austin (Polizisten); Loyal Underwood, Charlotte Mineeau (vielfache Eltern); Lloyd Bacon (Drogensüchtiger); Henry Bergman (bärtiger Unhold); Frank J. Coleman, Tom Wood, Leota Bryan [2 Rollen]

61. *The Cure* [Die Kur]
USA 16. April 1917 – B und R: Charles Chaplin
Mit Charles Chaplin (Kurgast); Eric Campbell (Mann mit Gipsbein); John Rand (Page/Charlies letzter Gegner in der Sauna); James T. Kelly (Gepäckträger); Albert Austin (Kurpfleger); Frank J. Coleman (Hoteldirektor); Henry Bergman (Masseur); James T. Kelly (dessen erstes Opfer); Janet Miller Sully (eine der drei Parzen); Edna Purviance (Charlies Liebe); Loyal Underwood, Tom Wood [2 Rollen]

62. *The Immigrant* [Der Einwanderer]
USA 17. Juni 1917 – B und R: Charles Chaplin
Mit Charles Chaplin (Einwanderer); Albert Austin (Seekranker); Edna Purviance (Einwanderin); Kitty Bradbury (ihre Mutter); Henry Bergman (die Frau im Eßsaal/Künstler im Restaurant); Frank J. Coleman (Schiffsmaat/Restaurantkassierer); James T. Kelly (Essensverteiler/Vagabund im Restaurant); Stanley Sandford (diebischer Spieler); Eric Campbell (Kellner); Albert Austin (Charlies Tischnachbar); John Rand (Zechpreller); Loyal Underwood [2 Rollen]

63. *The Adventurer* [Der Abenteurer]
USA 23. Oktober 1917 – B und R: Charles Chaplin
Mit Charles Chaplin (entsprungener Sträfling); Frank J. Coleman (Wärter); Edna Purviance (Edna); Eric Campbell (ihr Verehrer); Janet Miller Sully (ihre Muter); Henry Bergman (ihr Vater/pfeiferauchender Passant); Toraichi Kono (Chauffeur); Albert Austin (Butler); James T. Kelly (klei-

ner, tanzender Gast); Monta Bell, Loyal Underwood, Marta Golden, May White, Phyllis Allen [2 Rollen]

64. *A Dog's Life* [Ein Hundeleben]
USA 14. April 1918 – B und R: Charles Chaplin; Regieassistent: Chuck Riesner (Assistenten waren bei Chaplin oft Gagmen)
Mit Charles Chaplin (Tramp); Edna Purviance (Sängerin); Tom Wilson (Polizist); Sydney Chaplin (Imbißbesitzer); Albert Austin (der dünne Bösewicht); Henry Bergman (ein Betrunkener/dicke Dame); Chuck Riesner (Angestellter der Arbeitsvermittllung/Schlagzeuger); Billy White (Besitzer eines Cafés); James T. Kelly (Penner); Park Jones, Bud Jamison, Janet Miller Sully, Loyal Underwood [3 Rollen]

65. *Triple Trouble* [Dreifaches Unheil]
USA 11. August 1918 – zusammengestellt von der Essanay mit Fragmenten aus den Chaplin-Filmen *Life, Police* und *Work*
Mit Charles Chaplin (Küchenjunge); Edna Purviance (Magd); Leo White (deutscher Spion); Billy Armstrong (Koch/Dieb); James T. Kelly (Sänger); Bud Jamison (Penner); Wesley Ruggles (Gauner); Albert Austin [2 Rollen]

66. *The Bond* [Die Kriegsanleihe]
USA 4. Oktober 1918 (im Auftrag des Liberty Loan Committee) – B und R: Charles Chaplin
Mit Charles Chaplin (Charlie); Edna Purviance (seine Freundin/seine Frau); Albert Austin (sein Freund); Sydney Chaplin (Kaiser) [1/2 Rolle]

67. Werbefilm für eine englische Kriegsanleihe
England Herbst 1918 mit Harry Lauder

68. *Shoulder Arms* [Gewehr über]
USA 20. Oktober 1918 – B und R: Charles Chaplin
Mit Charles Chaplin (Soldat); Edna Purviance (das französische Mädchen); Sydney Chaplin

(Sergeant/Kaiser); Henry Bergman (deutscher Soldat/Barkeeper/Hindenburg); Albert Austin (Offizier/deutscher Soldat/Chauffeur des Kaisers); Tom Wilson (Sergeant); Jack Wilson (Kronprinz); John Rand (Soldat); Park Jones, Loyal Underwood [3 Rollen]

69. *Sunnyside* [Auf der Sonnenseite]
USA 15. Juni 1919 – B und R: Charles Chaplin
Mit Charles Chaplin (Landarbeiter); Edna Purviance (Dorfschönheit); Tom Wilson (der miese Chef); Tom Terris (junger Mann aus der Stadt); Henry Bergman (Bauer); Park Jones (dicker Mann); Loyal Underwood (kleiner Alter); Tom Wood (Bauer); Albert Austin [?] [2 Rollen] (Quelle: Uno Asplund)

70. *A Day's Pleasure* [Vergnügte Stunden]
USA 7. Dezember 1919 – B und R: Charles Chaplin
Mit Charles Chaplin (Familienvater); Edna Purviance (seine Frau); Jackie Coogan (ihr kleiner Sohn); Tom Wilson (Ehemann); Babe London (seine Frau); Henry Bergman (Kapitän/Autofahrer); Loyal Underwood (kleiner Mann auf der Straße); Raymond Lee (der 2. Sohn [?]) [2 Rollen]

[?] *The Mollycoddle* [Der Weichling]
USA 14. Juni 1920 – R: Victor Fleming
Mit Douglas Fairbanks
(Manchen Quellen zufolge soll Chaplin einer der Statisten unter der Menge in Monte Carlo sein. Ich habe ihn in diesem Film nicht ausmachen können.)

71. *The Kid* [Das Kind]
USA 6. Februar 1921 – B und R: Charles Chaplin; Regieassistent: Chuck Riesner
Mit Charles Chaplin (Tramp); Jackie Coogan (»sein« Sohn); Edna Purviance (dessen Mutter), Carl Miller (ihr untreuer Freund); Tom Wilson (Polizist); Chuck Riesner (der Starke); Albert Austin (Gauner); Nelly Bly Baker (Slumbewohnerin);

Henry Bergman (Vermieter/Ednas Manager); Lita Grey (flirtender Engel); Phyllis Allen, Sydney Chaplin [?] [6 Rollen]

72. *The Nut* [Der Spinner]
USA 19. März 1921 – R: Theodore Reed
(In dieser Komödie um einen überschwenglichen Menschenfreund spielt Chaplin in einem kurzen Auftritt sich selbst.)

73. *The Idle Class* [Die müßige Klasse]
USA 25. September 1921 – B und R: Charles Chaplin
Mit Charles Chaplin (Tramp/Ehemann); Edna Purviance (die Ehefrau); Mack Swain (ihr Vater); Lillian McMurray, Lita Grey (Kammerzofen); Henry Bergman (schlafender Tramp/Polizist); Allan Garcia (sein Banknachbar/maskierter Gast); John Rand (Golfer/maskierter Gast); Rex Storey (Taschendieb/maskierter Gast); Loyal Underwood [2 Rollen]

74. *Pay Day* [Zahltag]
USA 2. April 1922 – B und R: Charles Chaplin
Mit Charles Chaplin (Bauarbeiter); Phyllis Allen (seine Frau); Mack Swain (Vormann); Edna Purviance (dessen Tochter); Sydney Chaplin (Charlies Kollege/Würstchenstandinhaber); Albert Austin, John Rand, Loyal Underwood (Bauarbeiter); Henry Bergman, Allan Garcia (Charlies Zechkumpane) [2 Rollen] (Quelle: Uno Asplund)

75. *Nice and Friendly* [Nett und freundlich]
Unveröffentlichter Privatfilm. Produktion, Regie und Buch: Charles Chaplin
Mit Charles Chaplin, Lord Louis Mountbatten, Lady Edwina Mountbatten, Jackie Coogan, Colonel Robert M. Thompson, Frederick Neilson, Eulalie Neilson (Quelle: Dennis Gifford: »Chaplin«. London 1974)

76. *The Pilgrim* [Der Pilger]
USA 25. Februar 1923 – B und R: Charles Chaplin; Regieassistent: Chuck Riesner
Mit Charles Chaplin (falscher Priester); Edna Purviance (das Mädchen); Kitty Bradbury (ihre Mutter); Mack Swain (Kirchenvorstand); Loyal Underwood (Küster); Chuck Riesner (Dieb); Dean Riesner – Dinky Dean (der ungezogene Junge); Sydney Chaplin, May Wells (seine Eltern); Tom Murray (Sheriff); Henry Bergman (Mann am Fahrkartenschalter/Sheriff im Zug); Monta Bell (Polizist); Raymond Lee (der echte Priester); Florence Latimer, Edith Bostwick (fromme Damen); Phyllis Allen [4 Rollen]

77. *Souls for Sale* [Seelen zu verkaufen]
USA 27. März 1923 – R: Rupert Hughes
(In dieser Komödie um ein junges Mädchen vom Lande, dargestellt von Eleanor Boardman, das auf seiner Hochzeitsreise ihren Mann verläßt, um lieber zum Film zu gehen, ist Chaplin eine der vielen Filmberühmtheiten, mit denen sie im Verlauf ihrer Karriere zusammentrifft.)

[?] *Hollywood*
USA 19. August 1923 – R: James Cruze
(Unter den zahlreichen Stars, die in dieser Komödie um einen Fehlstart als Filmstar sich selbst spielen, soll auch Chaplin sein. Der »American Film Institute Catalog«, der all diese Gaststars aufführt, nennt jedoch Chaplin nicht. Wegen der allgemein großen Zuverlässigkeit dieses Standardwerks bin ich geneigt, die Überlieferung für falsch zu halten, zumal Chaplin erst kurz zuvor in einem Film ähnlichen Themas auftrat. Vermutlich wurde einmal *Hollywood* mit *Souls for Sale* verwechselt und dieser Fehler, was in der Filmgeschichtsschreibung häufig passiert, von späteren Filmographen ungeprüft übernommen.)

78. *A Woman of Paris* [Eine Frau aus Paris]
USA 1. Oktober 1923 – Produktion, B und R: Charles Chaplin; K: Roland H. Totheroh und Jack

Wilson; Dekorationen: Arthur Stibolt; Schnitt: Charles Chaplin und Monta Bell; Regieassistent: Eddie Sutherland; Recherchen: Jean De Limur und Harry d'Arrast
Mit Edna Purviance (Marie St. Clair); Adolphe Menjou (Pierre Revel); Carl Miller (Jean Millet); Lydia Knott (seine Mutter); Charles French (sein Vater); Clarence Geldert (Maries Vater); Betty Morissey (Fifi); Malvina Polo (Paulette); Karl Gutman (Dirigent); Nellie Bly Baker (Masseuse); Henry Bergman (Oberkellner); Harry Northrup (Diener); Charles Chaplin (Gepäckträger) [8 Rollen] (Quelle: »American Film Institute Catalog«)

79. *A Woman of the Sea* [Eine Frau vom Meer]
USA 1926 (Nach einer Testvorführung wurde der Film auf Dauer zurückgezogen.) P: Charles Chaplin; R: Josef von Sternberg und Charles Chaplin; B: Charles Chaplin und Josef von Sternberg; K: Paul Ivano; Dekorationen: Danny Hall
Mit Edna Purviance, Eve Southern, Gayne Whitman

80. *The Gold Rush* [Goldrausch]
USA 16. August 1925 – P, B und R: Charles Chaplin; K: Roland H. Totheroh und Jack Wilson; Dekorationen: Charles D. Hall; Regieassistent: Charles Reisner und Harry D'Abbadie D'Arrast
Mit Charles Chaplin (Tramp-Goldgräber); Mack Swain (Big Jim); Tom Murray (Black Larsen); Georgia Hale (Georgia); Betty Morissey (ihre Freundin); Malcolm Waite (Jack Cameron); Henry Bergman (Hank Curtis) [9 Rollen]
1942: Tonversion. Buch, Erzähler, Musik: Charles Chaplin (Die Tonversion wurde von Chaplin Alexander Woollcott gewidmet.)

81. *The Circus* [der Zirkus]
USA 7. Januar 1928 – P, B und R: Charles Chaplin; Kamera: Roland H. Totheroh, Jack Wilson und Mark Marlatt; Dekorationen: Charles D. Hall; Schnitt: Charles Chaplin und Harry Crocker; Labor: William E. Hinkley

Mit Charles Chaplin (Tramp); Merna Kennedy (Kunstreiterin); Allan Garcia (Zirkusdirektor); Henry Bergman (Clown); Harry Crocker (Rex der Seiltänzer); Stanley Sandford (Vormann des Zirkuspersonals); John Rand (sein Assistent); Steve Murphy (Taschendieb); George Davis (Zauberer); Betty Morissey (seine Partnerin); Doc Stone [7 Rollen]
1969: Musikfassung von Charles Chaplin

82. *Show People* [Leute vom Film]
USA 20. Oktober 1928 – R: King Vidor
(In einer Szene dieser Komödie um eine Filmkomikerin tritt Chaplin als er selbst auf und bittet Marion Davies, die ihn in Zivil nicht erkennt, um ein Autogramm.)

83. *City Lights* [Lichter der Großstadt]
USA 6. Februar 1931 – P, B, R und Musik: Charles Chaplin; Regieassistent: Harry Crocker, Henry Bergmann und Albert Austin; K: Roland H. Totheroh, Gordon Pollock und Mark Marlatt; Dekorationen: Charles D. Hall; Musikalische Leitung: Alfred Newman
Mit Charles Chaplin (Tramp); Virginia Cherrill (Blumenmädchen); Florence Lee (ihre Großmutter); Harry Myers (Millionär); Allan Garcia (sein Butler); Henry Bergman (Redner/Portier); Albert Austin (Straßenkehrer/Gauner); Hank Mann (Boxer); Stanhope Wheatcroft (Oberkellner); John Rand (alter Tramp); James Donnelly (Vorarbeiter); Eddie Baker (Ringrichter); Robert Parrish (Zeitungsjunge); Jean Harlow (Partygast) [9 Rollen]

84. *Modern Times* [Moderne Zeiten]
USA 5. Februar 1936 – P, B, R und M: Charles Chaplin; K: Roland H. Totheroh und Ira Morgan; Dekorationen: Charles D. Hall und Russell Spencer; Regieassistent: Carter DeHaven und Henry Bergman; Musikalische Leitung: Alfred Newman; Produktionsleitung: Jack Wilson
Mit Charles Chaplin (Tramp); Paulette Goddard (das Mädchen); Allan Garcia (Fabrikdirektor);

Stanley Sandford (Fließbandarbeiter); Hank Mann (Sträfling); Lloyd Ingraham (Gefängnisdirektor); Cecil Reynolds (Pastor); Juana Sutton (seine Frau); Louis Natheaux (Rauschgiftsüchtiger); Chester Conklin (Mechaniker); Henry Bergman (Varietébesitzer); Wilfred Lucas, Heinie Conklin, Edward Kimball, John Rand, Richard Alexander, Mira McKinney, Walter James, Stanley Blystone, Murdock McQuarrie, Ed Le Sainte, Fred Malatesta, Sam Stein, Ted Oliver [9 Rollen] (Zusätzliche Quelle: Presseheft der Tobis-Filmkunst)

85. *The Great Dictator* [Der große Diktator]
USA 15. Oktober 1940 – P, B, R und M: Charles Chaplin; Regieassistent: Dan James, Wheeler Dryden und Bob Meltzer; K: Karl Struss und Roland H. Totheroh; Dekorationen: J. Russell Spencer; Schnitt: Charles Chaplin und Willard Nico; Ton: Percy Townsend und Glenn Rominger; Musikalische Leitung: Meredith Willson; Produktionsassistent: Henry Bergmann
Mit Charles Chaplin (Friseur/Hynkel); Paulette Goddard (Hannah); Jack Oakie (Napaloni), Reginald Gardiner (Schultz); Henry Daniell (Garbitsch); Billy Gilbert (Herring); Grace Hale (Madame Napaloni); Carter DeHaven (Botschafter von Bakteria); Maurice Moskovich (Herr Kaekel); Emma Dunn (seine Frau); Bernard Gorcey (Herr Mann); Paul Weigel (Herr Agar); Chester Conklin (Barbierter); Eddie Gribbon (SA-Führer); Hank Mann (SA-Mann, sein Gehilfe); Leo White (Barbier); Lucien Prival (Offizier); Esther Michelson, Florence Wright, Robert O. Davis, Eddie Dunn, Peter Lynn Hayes, Nita Pike [12 Rollen]

86. *Monsieur Verdoux*
USA 11. April 1947 – P, B, R und M: Charles Chaplin nach einer Idee von Orson Welles; Regieassistent: Robert Florey, Wheeler Dryden und Rex Bailey; K: Curt Courant, Roland H. Totheroh und Wallace Chewing; Dekorationen: John Beck-

man; Ton: James T. Corrigan; Schnitt: Willard Nico; Musikalische Leitung: Rudolph Schrager
Mit Charles Chaplin (Verdoux); Mady Correll (seine Frau); Allison Roddan (sein Sohn); Robert Lewis (Maurice Bottello); Audrey Betz (seine Frau); Martha Raye (Annabelle Bonheur); Ada May (ihre Magd); Isobel Elsom (Marie Grosnay); Marjorie Bennett (ihre Magd); Helen Heigh (Yvonne); Marilyn Nash (das Mädchen); Irving Bacon (Pierre Couvais); Edwin Mills (Jean Couvais); Virginia Brissac (Carlotta Couvais); Almira Session (Lena Couvais), Eula Morgan (Phoebe Couvais); Bernard J. Nedell (Polizeipräfekt); Charles Evans (Detektiv Morrow); William Frawley (Polizei-Inspektor); Fritz Leiber (Priester); Barbara Slater (Blumenmädchen); Barry Norton (Partygast); Arthur Hohl, John Harmon, Vera Marshe, Christine Ell, Pierre Watkin, Lois Conklin, Wheeler Dryden, Tom Wilson [12 Rollen] (Quelle: Theodore Huff)

87. *Limelight* [Rampenlicht]
USA 23. Oktober 1952 – P, B, R und M: Charles Chaplin; Regieassistent: Robert Aldrich; K: Karl Struss; K-Beratung: Roland Totheroh; Choreographie: Charles Chaplin; Lieder: Charles Chaplin und Ray Rasch; Ton: Hugh McDowell; Schnitt: Joe Inge; Bauten: Eugene Lourié
Mit Charles Chaplin (Calvero); Claire Bloom (Terry); Sydney Chaplin jr. (Neville, Komponist); Nigel Bruce (Impresario); Buster Keaton (alter Komiker); Marjorie Bennett (Vermieterin); André Eglevsky (Harlekin); Melissa Hayden (Colombine); Snub Pollard (Straßenmusiker); Geraldine Chaplin, Michael Chaplin, Josephine Chaplin (Kinder auf der Straße); Charles Chaplin jr., Wheeler Dryden (Clowns); Norman Lloyd (Bodalink); Sydney Chaplin, Loyal Underwood, Barry Bernard, Stapleton Kent, Mollie Blessing, Leonard Mudi, Julian Ludwig, Edna Purviance, Oona O'Neill [13 Rollen]

88. *A King in New York* [Ein König in New York]
England 12. September 1957 – P, B, R und U: Charles Chaplin; K: Georges Perinal; Bauten: Allan Harris
Mit Charles Chaplin (König Shahdov); Maxine Audley (seine Frau); Dawn Addams (Ann Kay); Michael Chaplin (Rupert); Oliver Johnston (Botschafter); Jerry Desmond (Premierminister); Phil Brown, Harry Green, John McLaren, Alan Gifford, Shani Wallis, Joy Nichols, Joan Ingram, Sidney James, George Woodbridge, Robert Arden, Lauri Lupino-Lane, George Truzzi [11 Rollen] (Quelle: Uno Asplund)

89. *The Chaplin Revue* [Die Chaplin-Revue / Dt. Titel: Das waren noch Zeiten]
USA 25. September 1959 – P, R, B, M u. Lied: Charles Chaplin; Sprecher: Charles Chaplin; Sänger des Liedes: Matt Munro
(Eigentlich nur eine Zusammenstellung von *A Dog's Life, Shoulder Arms* und *The Pilgrim.* Da Chaplin das Material jedoch teilweise veränderte, einen durchgehenden Kommentar neu schrieb und auch eine neue Musik verfaßte, ist dieser Film als eigenständiges Werk anzusehen.)

90. *Ken Murray's Hollywood*
USA 1965
(Ein Film des Cutters und Filmproduzenten Ken Murray, in dem neben vielen anderen Reminiszenzen an Persönlichkeiten Hollywoods, die er gekannt und gefilmt hat, auch Chaplin erscheint.)

91. *A Countess from Hongkong* [Die Gräfin von Hongkong]
England 2. Januar 1967 – B, R und M: Charles Chaplin; P: Jerome Epstein; K: Arthur Ibbetson und Denis Johnson; Bauten: Bob Cartwright; Schnitt: Gordon Hales; Produktionsleitung: Don Ashton; Musikalische Leitung: Lambert Williamson

Mit Marlon Brando (Ogden Mears); Sophia Loren (Natascha); Sydney Chaplin (Harvey); Tippi Hedren (Mary Mears); Patrick Cargill (Hudson); Michael Medwin (John Felix); Oliver Johnston (Clark); John Paul (Kapitän); Angela Scoular (Mädchen); Geraldine Chaplin (2. Mädchen); Margaret Rutherford (Miss Gaulswallow); Peter Bartlett (Stewart); Bill Nagy (Crawford); Dilys Laye (Verkäuferin); Angela Pringle (Baroness); Jenny Bridges (Gräfin); Arthur Gross (Einwanderungsbeamter); Balbina (Dienstmädchen); Anthony Chims, Jose Sukhum Boonlive (Hawaiianer); Janine Hill (Tänzerin); Burnell Tucker (Empfangschef); Leonard Trolley (Zahlmeister); Len Lowe (Elektriker); Francis Dux (Oberkellner); Cecil Cheng (Taxifahrer); Ronald Rubin, Michael Spice, Ray Marlowe (Matrosen); Kevin Manser (Fotograf); Josephine Chaplin, Victoria Chaplin (zwei der drei Mädchen in der Hotellobby); Charles Chaplin (seekranker Steward) [12 Rollen]

92. *The Gentleman Tramp* [Die Geschichte meines Lebens]
USA 1976 – B, R u. S: Richard Patterson; K: Nestor Almendros; M: Charles Chaplin; P: Audjeff (Bert Schneider)
Mit Charles und Oona Chaplin, Walter Matthau
(Eine biographische Darstellung mit mehreren neuen Elementen, darunter von Chaplin freigegebene Ausschnitte aus seiner Probenarbeit in den zwanziger Jahren und einigen Sequenzen, die in den Jahren 1973 und 1974 am Genfer See gedreht wurden.)

Bibliographie

Es ist wohl über keinen anderen Filmkünstler des 20. Jahrhunderts so viel geschrieben worden wie über Chaplin. Schon ohne ausführliche Nachforschungen stieß ich auf über 2000 Texte. Eine Auswahl war also notwendig. Da Aufstellungen der wichtigen Werke schon zur Genüge existieren, habe ich mich darauf beschränkt, die Versuche einer vollständigen Bibliographie von Glauco Viazzi in seinem Buch »Chaplin e la crítica«, das schon lange vergriffen ist, in zwei Sektionen zu ergänzen und um den Zeitraum von 1955 bis 1974 zu erweitern: Werke Chaplins und Bücher über ihn. Diesem Vorhaben mußten leider Zeitschriften, Einzelkritiken, Drehbuchabdrucke, Fotoessays usw. zum Opfer fallen. Ein großer Teil der von mir konsultierten Texte dieser Gruppen ist jedoch bereits in den Anmerkungen zum Text angeführt. Um zur weiteren Beschäftigung mit dem Themenkreis anzuregen, habe ich alle wichtigen Bücher, die ich bei den Arbeiten an diesem Buch konsultierte, in einer dritten Sektion aufgeführt. In allen drei Fällen ist die Reihenfolge chronologisch.

1. Schriften von Charles Chaplin

a) Bücher, Artikel, Vorworte

The Charlie Chaplin book. New York 1915

How I made my success. In: The Theater, September 1915

Charlie Chaplin's own story. Indianapolis 1916

Funny business. In: The New York Telegraph, 5. November 1916

What people laugh at. (Red.: *Rob Wagner.*) In: American Magazine, November 1918

Mes débuts. In: Filma, 15. November 1919

Home again [u. a.]. In: Picture Show, 8. Oktober 1921
[Über den europäischen Film.] In: Le Journal, 9. Oktober 1922
My trip abroad. (Red.: *Monta Bell.*) New York 1922 – Dt.: Hallo Europa, Leipzig 1928
The original screen story. In: Story World and Photo Dramatist, September 1923
Does the public know what it wants? In: The Adelphi, Januar 1924
Can art be popular? In: Ladies Home Journal, Oktober 1924
Is it the glamour? In: *Lawrence A. Hughes* (Red.), The truth about the movies, by the stars. Hollywood 1924
La comédie et la tragédie devant le public. In: Cinéa – Ciné Pour Tous, 15. Dezember 1924
Über mich. In: *Hans Siemsen,* Charles Chaplin. Leipzig 1924
Chaplin explains Chaplin. (Red.: *Harry Carr.*) In: Motion Picture, November 1925
Symposion with Charles Chaplin [u a.]: The ideal woman. In: Vanity Fair, ... 1926
[Vorwort zu:] *L'Estrange Fawcett:* Films. Facts and forecasts. London 1927
Inspiration. In: Los Angeles Time Annual Review, April 1928
How I broke into the movies. (Red.: *Hal C. Herman.*) Hollywood 1928
Charlie Chaplin's chatter and funny sayings. ... 1928 (= Ottenheimer Pocket. 52)
Mein Leben. In: *Stefan Lorant,* Wir vom Kino. Berlin 1928
Nirgends. In: *Erich Burger,* Charles Chaplin. Bericht eines Lebens. Berlin 1929
So bin ich. In: Film Photos wie noch nie. Berlin 1929
Les débuts [Titel unsicher]. In: Pour Vous, 22. August 1929
Comment faire rire les gents. In: Cinémonde, April 1930
Charlie Chaplin's defense of silent pictures. (Red.: *Charleston Gray.*) In: Motion Picture Classic, August 1930

[Über »City Lights« u. a.] In: Cinéa, März 1931
Pantomime and comedy. In: The New York Times, 25. Januar 1931
Pourquoi j'ai choisi comme type »le déshérité du monde« [Titel unsicher]. In: Le Petit Provençal, 6. Februar 1931
Mes souvenirs. In: Vu, 1. April 1931
A comedian sees the world. (Red.: *Catherine Hunter.*) In: Woman's Home Companion, September 1933
The suicide of the movies. in: Variety, September 1935
The future of the silent picture. In: Windsor Magazine, September 1936
[Vorwort zu:] *Gilbert Seldes*: Movies for the millions. New York 1937
Rythme. In: Cinémonde, 14. April 1938
Credo. In: Variety, 23. Oktober 1940
La démocratie survivra ou mourra. In: *Pierre Leprohon,* Charles Chaplin. Paris 1946
The fool. In: Rob Wagner's Script. 21. Oktober 1944
O sebia i o iskusstve kino. In: *Pera Altaševa und Sergej Ašukov,* Charles Spencer Chaplin. Moskau 1945
I declare war on Hollywood. In: Reynolds News, Dezember 1947
[Vorwort zu:] *Élie Faure*: Fonction du cinéma. Paris 1953
My autobiography. London 1964 – Dt.: Die Geschichte meines Lebens. Frankfurt a. M. 1964
My life in pictures. London – Sydney – Toronto 1974

b) Interviews, Artikel und Kapitel um Gespräche mit Chaplin

Absolutely, Mr. Chaplin! Positively, Mr. Freud! Interview mit Ted Le Berthon. In: Motion Picture Classic, August 1923
That Chaplin complex. Interview mit Harriette Underhill. In: Motion Picture Classic, April 1926
Charlie Chaplin tourne. In: Ciné Miroir, 15. Mai 1926
Charlie Chaplin attacks the talkis. Interview mit Gladys Hall. In: Motion Picture Magazine, Mai 1929
En prenant le thé avec Charlie Chaplin. Interview mit Genova. In: Ciné Miroir, 13. Februar 1931

Arbeit mit Charlie Chaplin. In: *Egon Erwin Kisch,* Paradies Amerika. Berlin 1930
Interview mit Gordon Beckles. In: Daily Express, ... 1931
Die Rote Fahne bei Charlie Chaplin [Titel unsicher]. In: Die Rote Fahne, 15. März 1931
Il mio personaggio e l'uomo e non l'ho battezzato, dice Charlot. In: Spettàcolo, 7. Juli 1935
Ho parlato con Charlot. Interview mit A. J. Urban. In: Intercine, Oktober 1935
Mr. Chaplin answers his critics. In: The New York Times, 27. Oktober 1940
Pity, Charlie Chaplin believes, is the essential quality of civilization. In: Photoplay Magazine, 20. April 1947
Salut à la France. In: Les Lettres Françaises, 10. April 1952
Le rire et les larmes contre la haine!. Interview mit Robert Shaw. In: Les Lettres Françaises, ... 1952
Il mio capolavoro è lo schiaffo che ho dato così. Interview mit Sandra De Feo. In: L'Europeo, 1. Januar 1953
Oggi piu di ieri ho bisogno di verità. In: Cinema Nuovo, 15. Januar 1953
Parole di Chaplin. In: Bianco e Nero, Januar 1953
À propos de »Limelight«. In: Revue Internationale du Cinéma, 1953
Charlot onorato e felice di ricevere il Premio della Pace. In: L'Unità, 4. Juni 1954
[Exklusivinterview mit Charlie Chaplin.] In: Défense de la Paix, Juli 1954
[Wiedersehen mit Charlie.] In: *Max Eastman,* Great companions. New York 1958
Baggy little man now. In: Newsweek, 9. November 1959
Oona, Oxford, America and the book [von Harold Clurman]. In: Esquire, November 1962
Ageless master's anatomy of comedy. Interview mit Richard Meryman. In: Life, 10. März 1967
The custard pie of creation. In: Newsweek, 6. Juni 1966
Interview mit Robert Musel. UPI-Interview vom 11. März 1971

2. Biographien, Studien, Broschüren, Sonderhefte

Keeley, James: Charlie Chaplin's comic capers. Chicago 1917
Reed, Langford: The chronicles of Charlie Chaplin. London 1917
Codd, Elsie: Charlie Chaplin's methods. London 1920
Delluc, Louis: Charlot. Paris 1921
Šklovskij, Viktor [u. a.]: Chaplin. Berlin 1923 [russ.]
Arland, Marcel [u. a.]: Charlot. Paris 1924 – Neuausg.: 1971
Siemsen, Hans: Charlie Chaplin. Leipzig 1924
Florey, Robert: Charlie Chaplin. Paris 1927
Pulaille, Henri: Charlie Chaplin. Paris 1927
Ramon, Édouard: La passion de Charlie Chaplin. Paris 1927
Charlie Chaplin, der Beklagte. Wien 1927
Tak, M.: Charles Chaplin. Amsterdam 1928
Jankowski, K.: Chapliniada. Warschau 1928
Alban, K.: Charlie Chaplin, filmkonstens mästare. Stockholm 1928
Eddy, R.: Charlie Chaplin, hans liv og levned. Kopenhagen 1928
Schwob, René: Une mélodie silencieuse. Paris 1928
Burger, Erich: Charles Chaplin. Bericht eines Lebens. Berlin 1929
Aguilar, Santiago: El genio del septimo arte. Madrid 1930
Bowman, William D.: Charlie Chaplin. His life and art. New York 1931
Soupault, Philippe: Charlot. Paris 1931 – Neuausg.: 1957
Ravenne, Jean: Charlot. Paris 1932
Robinson, Carlyle T.: La vérité sur Charlie Chaplin. Paris 1933
Vieira Pinto, Armando: Charlot, a vida e a outra verdade. Porto 1933
Reeves, May: Charlie Chaplin intime. Paris 1935
Leprohon, Pierre: Charlot ou la naissance d'un mythe. Paris 1937 – Neuausg. u. d. Titel: Charles Chaplin. Paris 1957
Sokolov, I. V.: Charlie Chaplin. Moskau 1938

Ulm, Gerith von: Charlie Chaplin. King of tragedy. Idaho 1940

Villegas Lopez, Manuel: Charles Chaplin, el genio del cine. Buenos Aires 1943 – Neuausg.: Madrid 1957

Bleimann, M. [u. a.]: Charles Spencer Chaplin. Moskau 1945

Huff, Theodore: The early work of Charles Chaplin. London 1945 – Neuausg.: 1961

Du Bosch, R. G.: Charles Chaplin. Gand 1946

Tyler, Parker: A little boy lost. Marcel Proust and Charlie Chaplin. New York 1947

Tyler, Parker: Chaplin, last of the clowns. New York 1947

Sondernummer Charles Chaplin. Ciné-Club (Paris), Jan./Febr. 1948

Pichette, Henri: Pages pour Chaplin. In: Mercure de France (Paris), 1950–1954

Cotes, Peter, und *Thelma Niklaus:* The little fellow. London 1951

Huff, Theodore: Charles Chaplin. New York 1951

Bessy, Maurice, und *Robert Florey:* Monsieur Chaplin ou le rire dans la nuit. Paris 1952

Payne, Robert: Great God Pan. New York 1952 – Dt.: Der große Charlie. Frankfurt a. M. 1953

Sadoul, Georges: Vie de Charlot. Paris 1952 – Dt.: Das ist Charlie Chaplin. Wien 1954

Pina, Francisco: Charles Chaplin, genio de la desventura y la ironía. México, D. F. 1952

Forssell, Lars: Chaplin. Stockholm 1953

Ciarletta: Da Ameletto a Charlot. Brescia 1954

Franca, José Augusto: Charles Chaplin, le »self made myth«. Lisssabon 1954 [franz.]

Minney, Rubeigh James: Chaplin. The immortal tramp. London 1954

Gold, Michael: Charlie Chaplins Parade. Berlin 1955

Conrad, C.: König des Lachens – Charlie Chaplin. München 1955 (= Bastei Prominenten-Roman. 1)

Viazzi, Glauco: Chaplin e la crìtica. Bari 1955

Solmi, Angelo: Tre maestri del cinema. Mailand 1956

Luft, Friedrich: Vom großen schönen Schweigen. Arbeit und Leben des Charles Spencer Chaplin. Berlin 1957 (= Bühne und Film. 7)

Mitry, Jean: Charlot et la fabulation chaplinesque. Paris 1957

Mitry, Jean [u. a.]: Sondernummer Charles Chaplin. Image et Son No. 100 (Paris), März 1957

Chaplin jr., Charles: My father, Charlie Chaplin. New York 1960 – Dt.: Mein Vater, Charlie Chaplin, Zürich 1961

Schnog, Karl: Charlie Chaplin. Filmgenie und Menschenfreund. Berlin – Düsseldorf 1960

Eisenstein, Sergei M: Charlie Chaplin. Zürich 1961

Avenarius, G. A.: Carl'z Spencer Čaplin. Moskau 1962

Amengual, Barthelemy [u. a.]: Charles Chaplin. Lyon 1963 (= Premier Plan. 28)

Grey Chaplin, Lita, und *Morton Cooper:* My life with Chaplin. New York 1966. – Dt.: Ich war Charlie Chaplins Frau. Flensburg 1967

McDonald, Gerald D., Michael Conway und *Mark Ricci:* The films of Charlie Chaplin. New York 1965

McDonald, Gerald D.: The picture history of Charlie Chaplin. New York 1965

Chaplin, Michael: I couldn't smoke the grass on my father's lawn. London 1966

Kukarkin, A.: Chaplin i ego fil'my. Moskau 1966

Martin, Marcel: Charles Chaplin. Paris 1966 – Neuausg.: 1972

Robinson, Carlyle T.: The private life of Charlie Chaplin. New York 1966

Heitor Cony, Carlos (Hg.): Ensaio antologia de Chaplin. Rio de Janeiro 1967

Jotti, Rolando: Il grande Charlot. Padua 1967

Quigly, Isabel: Charlie Chaplin. The early comedies. London 1968

Konkoly, Kálmán: Chaplin in der Anekdote. München 1970

Asplund, Uno: Chaplin i Sverige. Stockholm 1971 – Neuausg.: Chaplin's films. Newton Abbot 1973

McCaffrey, Donald W.: Focus on Chaplin. Englewood Cliffs – London 1971

Bazin, André, und *Eric Rohmer:* Charlie Chaplin. Paris 1972

Bessy, Maurice, und *Robin Livio:* Charles Chaplin. Paris 1972

Finke, Blythe Foote: Charlie Chaplin. Famous silent movie actor and comic. Charlotteville, N. Y. 1972 (= Outstanding Personalities. 43)

Garonne, Virginia Galante: Charles Chaplin, l'uomo che fu Charlot. Brescia 1972 (= Coll. Incontri. 15)

Hembus, Joe: Charlie Chaplin und seine Filme. Eine Dokumentation. München 1972 (= Heyne-Buch. 976)

Mitry, Jean: Tout Chaplin. Paris 1972

Savio, Francesco (Hg.): Il tutto Chaplin. Venedig 1972

Legrand, Gerard [u. a.]: Sondernummer Charles Chaplin. Positif 152/153 (Paris), Juli/Aug. 1973

Gifford, Denis: Chaplin. London 1974

Manvell, Roger: Chaplin. London 1975

Sobel, Raoul, und *David Francis:* Chaplin – Genesis of a Clown. London – New York 1977

Kreimeier, Klaus: Zeitgenosse Chaplin. Berlin 1978

Wiegand, Wilfried (Hg.): Über Chaplin. Zürich 1978

3. Konsultierte Bücher

Ramsaye, Terry: A million and one nights. New York 1926 – Neuausg.: 1964

Lloyd, Harold: An American comedy. New York 1928 – Neuausg.: 1971

Seldes, Gilbert: Movies for the millions. New York 1937

Jacobs, Lewis: The rise of the American film. New York 1939 – Neuausg.: 1968

Montgomery, John: Comedy films 1894–1954. London 1954

Sennett, Mack, und *Cameron Shipp:* King of comedy. Garden City 1954

Pickford, Mary: Sunshine and shadow. New York 1955

DeMille, Cecil B.: Autobiography. Englewood Cliffs 1959

Franklin, Joe, und *William K. Everson:* Classics of the silent film. New York 1959

Keaton, Buster, und *Charles Samuels:* My wonderful world of slapstick. New York 1960

Kracauer, Siegfried: Theory of film. New York 1960 – Dt.: Theorie des Films. Frankfurt a. M. 1964

McCabe, John: Mr. Laurel & Mr. Hardy. New York 1961

Turconi, Davide: Mack Sennett. Rom – Paris 1961

Wagenknecht, Edward: The movies in the age of innocence. New York 1962

Patalas, Enno: Sozialgeschichte der Stars. Hamburg 1963 – Neuausg. u. d. T.: Stars. Geschichte der Filmidole. Frankfurt a. M. – Hamburg 1967 (= Fischer-Bücherei. 818)

Cahn, William: Harold Lloyd's world of comedy. New York 1964

Ford, Charles: Max Linder. Paris 1966

Lahue, Kalton C.: World of laughter. Oklahoma 1966

Agel, Henri: Les grands cinéastes que je propose. Paris 1967

Balshofer, Fred, und *Arthur Miller:* One reel a week. Los Angeles 1967

Blesh, Rudi: Keaton. London 1967

Brownlow, Kevin: The parade's gone by. London 1968

Lahue, Kalton C., und *Terry Brewer:* Kops and custards. Oklahoma 1968

McCaffrey, Donald W.: 4 great comedians. London – New York 1968

Montagu, Ivor: With Eisenstein in Hollywood. Berlin 1968 [engl.]

Sarris, Andrew: The American cinema. Directors and directions. New York 1968

Durgnat, Raymond: The crazy mirror. London 1969

Robinson, David: The great funnies. New York 1969

Shipman, David: The great movie stars. The golden years. London 1970

Günther, Winfried, und *Wolfram Tichy* (Hg.): Buster Keaton. Frankfurt a. M. 1971

Lahue, Kalton C.: Mack Sennett's Keystone. London 1971

Spears, Jack: Hollywood. The golden era. New York – London 1971

Weinberg, Herman G.: The Lubitsch touch. New York 1971

Tichy, Wolfram, und *Walter Schobert* (Hg.): David W. Griffith – Harry Langdon – Lotte Reiniger. Frankfurt a. M. 1972

Kracauer, Siegfried: Kino. Hg. von *Karsten Witte*. Frankfurt a. M. 1974

Discographie

Zusammengestellt von Wilhelm Staudinger

Circus. Original Film Soundtrack. United Artists UAS 290571

Modern Times. Original Music from the Motion Picture. United Artists UAL 4049 (UAS 5222)

Limelight. Frank Chacksfield and his Orchestra. Decca D 17559 (Single)

Limelight – the Spring Song, Mandolin Serenade. Charles Chaplin und sein Orchester. Electrola 45-EG 8757 (Single)

A King in New York. Norrie Paramor and his Orchestra. Columbia SEG 7720 (EP)

A Countess from Hongkong. the Original Soundtrack Album. Decca DL 71501

Chaplin Revue. Brunswick LAT 8345

Pleins Sons sur Charlie Chaplin. Alphonse et son Kitch Ensemble. Daphy DY 69541

A Tribute to Charlie Chaplin. Stanley Black. Decca PFS 4246

Chaplin's Art of Comedy. Elias Breeskin. Mainstream 56089

Chaplin's back Darius Brubeck. – Paramount C 064–93388

Great Chaplin Film Themes. The Johnny Douglas Super. Camden CDS 1114

Musik aus Charlie Chaplins Filmen. Bellaphon BLPS 19133

Namenregister

Die kursiv gesetzten Zahlen bezeichnen die Abbildungen